Moulins France
mai 2018.

à Samuel et
Félix.

J'apprends L'Orthographe

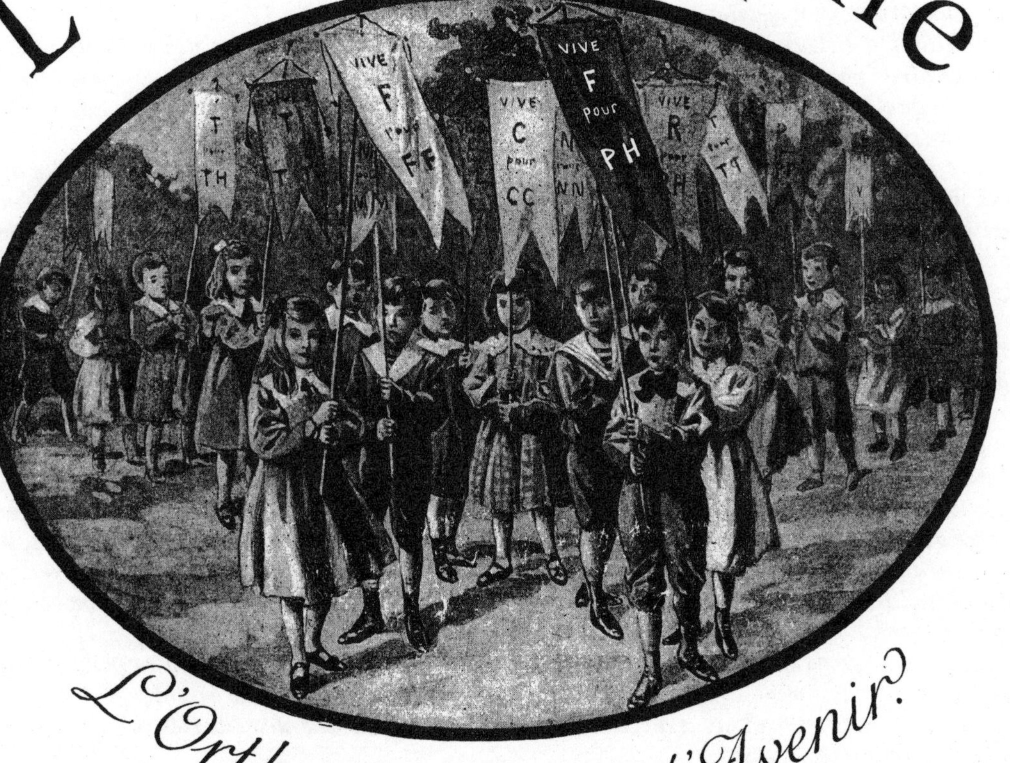

L'Orthographe de l'Avenir

PAR

MADEMOISELLE H. S. BRÉS

ALBUM ILLUSTRÉ DE 256 GRAVURES

et de Quatre Planches en Couleurs.

ÉDITIONS DES ÉQUATEURS

AUX MAMANS

BÉBÉ sait lire ! — Cependant, il en est encore à cette période de science précaire, où, pour mieux comprendre, tout en épargnant sa peine, il se plaît à relire jusqu'à savoir par cœur, s'il a affaire à un livre quelque peu séduisant.

Nous voudrions lui offrir ici un de ces ouvrages qui non seulement lui plairait, mais encore, sans en avoir l'air, glisserait pour toujours dans sa mémoire certaines notions de cette orthographe usuelle si capricieuse, et pourtant si importante au cours de la vie.

Ce volume prend, en effet, l'initiative un peu nouvelle, croyons-nous, de présenter en quelques joyeuses pages presque toutes les difficultés orthographiques, — chacune se trouvant répétée dans un grand nombre de termes réunis en un même récit. Il s'ensuit de méthodiques groupements de mots que la mémoire de l'enfant enregistre tout naturellement et dont elle lui suggérera spontanément la figure lorsque plus tard ces expressions viendront sous sa plume.

Souhaitons d'ailleurs que, grâce à d'amples simplifications, le nombre des difficultés orthographiques ne tarde pas à diminuer; — mais hélas, même alors, il restera diverses manières d'écrire presque chaque son, — d'où, bien des erreurs possibles. — Ce petit livre, tenu au courant des réformes, aura donc probablement toujours quelque opportunité.....

Quant à ses prétentions littéraires et scientifiques, elles sont nulles : c'est la nécessité de mettre certains mots en vedette qui nous a fait adopter la forme de bouts-rimés pour la moitié au moins de nos récits, bouts-rimés « en négligé » si l'on peut ainsi dire, car, pour les besoins de la cause, nous nous contentons souvent de simples assonances ; — égal sans-gêne, du reste, vis-à-vis de plusieurs autres lois de la versification ordinaire. Enfin, de parti pris, nous avons toujours préféré l'expression familière et humoristique, malgré les équivalents plus littéraires ou poétiques.

D'autre part, voulant éviter toute apparence de livre de classe et faire purement et simplement de l'enseignement par les yeux, nous passons sous silence la plupart des règles et leurs exceptions, — comme aussi nous indiquons une seule fois au « Jeu des Dérivés » le parti à tirer des mots de même souche pour constater telle lettre, qui, muette dans un mot, devient sonore dans un composé.

Mais sur tous ces points, nous en appelons comme à l'ordinaire aux douces leçons des mamans pour ajouter au moment opportun maintes explications et notions nouvelles, — ainsi que pour compléter chacune de nos pages par de petites listes de mots similaires proposées soit à l'étude, soit à la copie des enfants ; c'est là encore une partie que sans scrupule nous avons fort écourtée, sachant combien toute institutrice établira facilement ces nomenclatures, soit de mémoire, soit avec le premier dictionnaire venu.

Enfin, remarquons que nous avons multiplié les devinettes, comme excellentes pour familiariser avec les éléments des mots et leur apparence, car (sauf pour quelques accents), l'orthographe est scrupuleusement respectée et nous ne nous sommes permis aucune des libertés ordinaires dans les charades, entre autres.

Avouons d'ailleurs que par nos devinettes nous espérons retenir plus longtemps nos petits lecteurs à leur premier livre d'orthographe, — et, si notre tentative leur plaît ainsi, ils peuvent se flatter de continuer de mémorables traditions. — Ne dit-on pas que ces jeux furent un des passe-temps favoris de nos ancêtres, ou, plus loin encore, de ces illustres Grecs que l'on nous apprend de si bonne heure à révérer ?

Et, ceci établi, nous osons faire ouvertement appel à la famille pour aider à l'intelligence de certaines devinettes un peu difficiles, et pourtant maintenues afin de multiplier les exemples et d'enrichir en même temps le vocabulaire des petits chercheurs.... Peut-être quelque sœur ou frère aîné ne laisseront-ils pas d'en tirer aussi plaisir et profit ? Et ce sera le comble de nos vœux !

Note : Prière d'apprendre dès le début à l'enfant le sens spécial du titre de chaque devinette : *Énigme, Charade,* et aussi les autres moins connus : *Métagramme,* exercice où l'on change plusieurs fois une même lettre, initiale ou autre, pour former de nouveaux mots. Ex. : saison, maison, raison ; sergent, serpent, etc. *Anagramme,* où les mêmes lettres sont brouillées et combinées de diverses façons. Ex. : pâtissier, tapissier ; argent, grenat, etc. ; enfin, *Logogriphe,* où dans un mot primitif on prend les lettres nécessaires pour faire d'autres mots, Ex. : gênant, géant, gant, néant, etc. Ces deux derniers exercices sont particulièrement amusants et faciles si on y emploie les lettres mobiles.

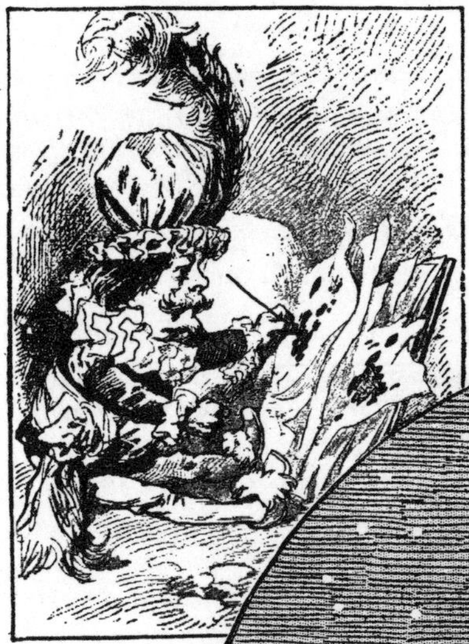

LES SURPRISES de L'ORTHOGRAPHE

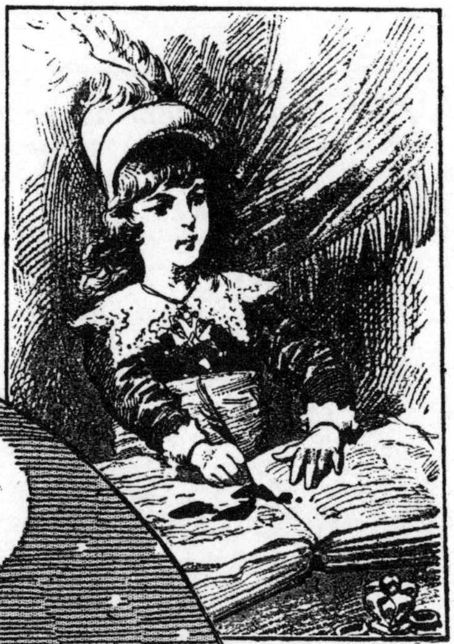

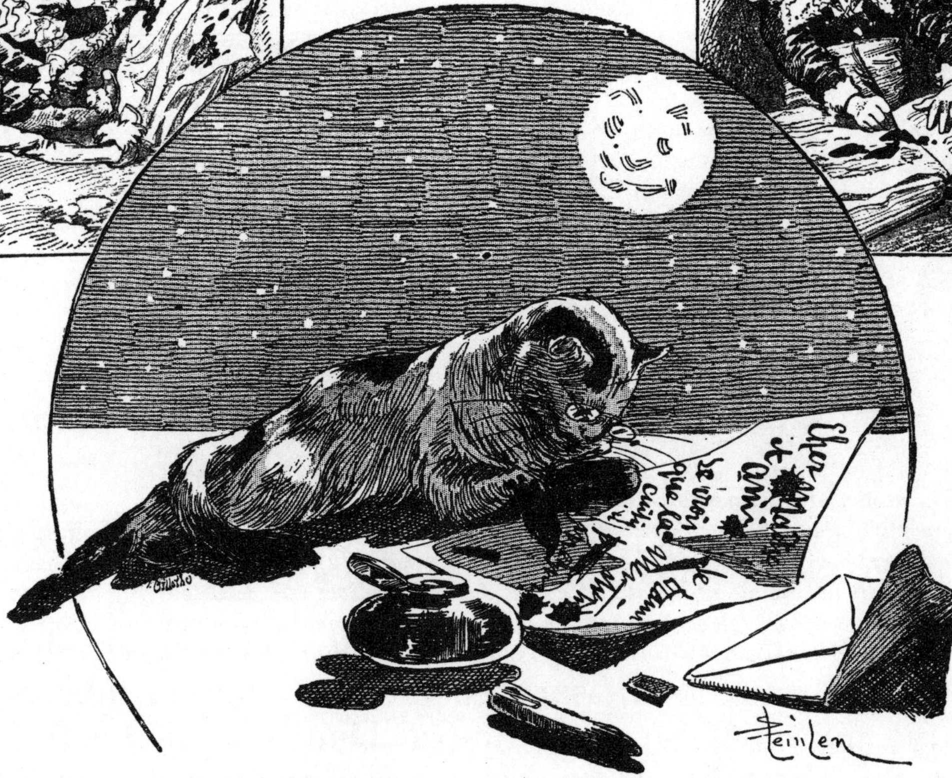

A NOS PETITS LECTEURS

REGARDEZ ce pauvre chat :
Comme il gribouille et griffonne !
Il est pourtant délicat,
Mais vienne un mot qui l'étonne,
(Et ce n'est pas rareté,
Car notre langue admirable,
Entre toutes agréable,
Est, hélas ! fort variable,)
Que faire ? sauf un pâté...

Combien de *l* dans co*ll*ine ?
Et combien dans mando*l*ine ?

Combien de *m* dans mo*m*ent ?
Plus ou moins que dans co*mm*ent ?

Quand on dit : Voici la gla*c*e,
Est-ce écrit comme la cla*ss*e ?

Comment écrit-on dem*ain* ?
Comme fr*ein* ou bien chem*in* ?

Et puis, quand on dit le m*ai*re,
Est-ce écrit comme la m*è*re ?

Et quand on dit le ma*sseur*,
Est-ce écrit comme ma *sœur* ?

Quand on dit : ruban au mètre,
Est-ce enfin comme cher ma*î*tre ?..

Pour un chat, c'est un recours
Que gâchis et patarafe...
Pour les gens, il vaut toujours
Bien mieux savoir l'orthographe,
Mais, si possible, apprenons
Gaîment ses dures leçons.

CHAQUE en-tête de nos pages présente une combinaison orthographique répétée maintes fois au cours du texte et marquée en italique pour attirer l'attention. — De plus, cette combinaison se retrouve dans toutes les réponses aux devinettes. Pour résoudre celles-ci il faut donc chercher exclusivement des mots où se rencontre l'en-tête de la page : ai, ain, d final, etc.

Quant aux solutions, inscrites à rebours pour piquer la curiosité, il sera utile d'inviter les enfants à les copier redressées afin que l'orthographe se grave exactement dans la mémoire visuelle.

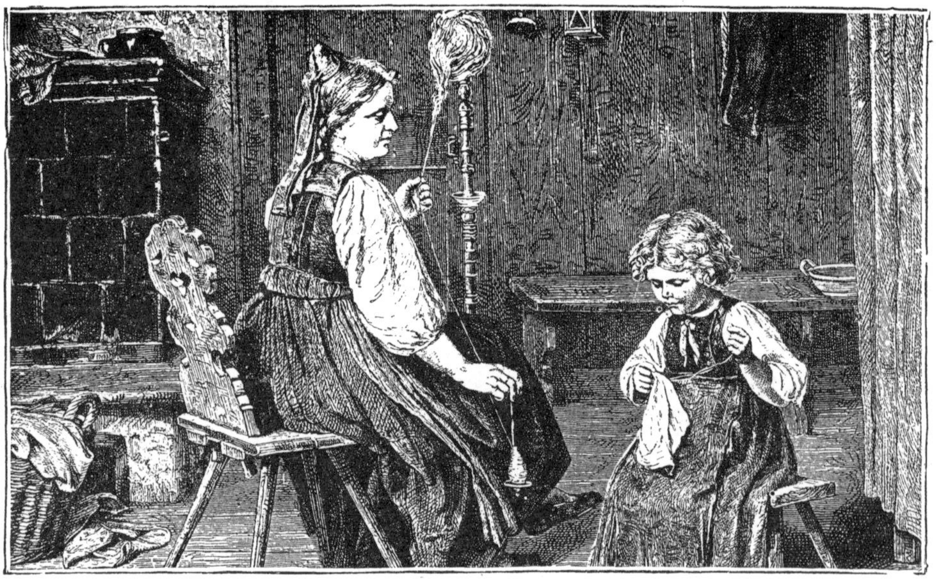

LOGOGRIPHE

D'où extraire :
Un maire
Maigre ?
Un air
Aigre ?
Un geai
Gai
En mai ?

Solution. — *ERIAMMARG.*

L'AIGUILLE de CLAIRE

La maman de Cl*ai*re a dit ce matin d'un *ai*r mystérieux : « — C'est le jour de n*ai*ssance de ta marr*ai*ne au mois de m*ai*, dans une huit*ai*ne, ne seras-tu pas bien *ai*se de lui f*ai*re une surprise ? » — « Vr*ai*ment oui, je l'*ai*me tant, répond Cl*ai*re g*ai*ement ; quoi ? une p*ai*re de bas, des mit*ai*nes ? ce n'est pas la s*ai*son... » — « Non, ourle plutôt la demi-douz*ai*ne de mouchoirs que voici. » — « Cert*ai*nement ! »

Dans la m*ai*sonnette p*ai*sible, non loin du poêle de porcel*ai*ne, c'est pl*ai*sir de voir Cl*ai*re, les yeux b*ai*ssés sur son ouvrage près de la grande ch*ai*se de sa maman qui file sa l*ai*ne ; soud*ai*nement elle dit en prenant son *ai*guille dans sa main gauche : « Aïe ! mon doigt s*ai*gne. » — « B*ai*gne-le dans l'eau fr*aî*che »...

Cl*ai*re ne va pas comme l'écl*ai*r ; car elle veut f*ai*re parf*ai*tement bien. M*ai*s elle n'est pas distr*ai*te, ni f*ai*néante, et elle finira *ai*sément pour l'annivers*ai*re, sans qu'il soit nécess*ai*re de l'*ai*der.

MÉTAGRAMME
S. M. R.

L'hiver est dure ★aison,
Il fait bon à la ★aison ;
Paul y reste : il a ★aison.

MÉTAGRAMME
N. P. M.

L'agnelet qui vient de ★aître
Comme sa mère veut ★aître :
« Petit fou ! », lui dit son ★aître.

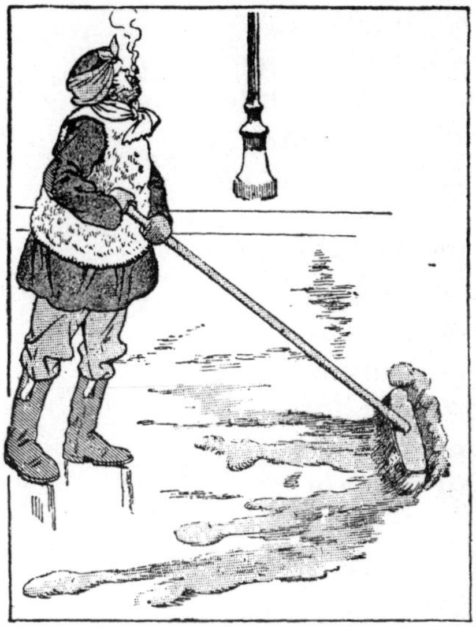

La l*ai*terie
La m*ai*rie
Le cl*ai*ron
Le r*ai*sin
La fr*ai*se
La br*ai*se
La l*ai*tue
La pr*ai*rie

Le BALAI de NICAISE

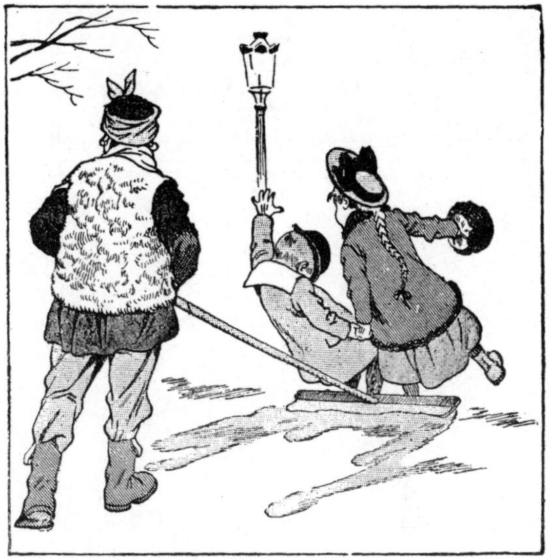

Hélas ! disait le Bal*ai*,
Mon sort est loin d'être g*ai* !
J'ai tous les jours quelque aff*ai*re !...
Aux gens, moi je voudrais pl*ai*re,
Ah ! bien oui ! pour se distr*ai*re,
Mon m*aî*tre me fait mal f*ai*re !
Chaque jour de la sem*ai*ne,
En passant à la font*ai*ne,
Il m'y plonge, puis m'ab*ai*sse,
Et contre les gens me l*ai*sse
Jeter une boue ép*ai*sse...

S'il me brandit : quelle aub*ai*ne !
En cataracte soud*ai*ne
L'eau jaillit, plus ou moins cl*ai*re,
Sur civil ou milit*ai*re.
Not*ai*re, enfants, châtel*ai*ne...
Et chacun me prend en h*ai*ne :
J'ai l'*ai*r d'un farceur vulg*ai*re...
Or, je ne puis que me t*ai*re,
Et demeurer solit*ai*re.

Donc, je suis impopul*ai*re
Moi qui voudrais, au contr*ai*re,
N'avoir dans tout mon dom*ai*ne
Que des amis par cent*ai*ne !
Ah ! chaque jour je souh*ai*te
De prendre enfin ma retr*ai*te,
Ou bien de changer de m*aî*tre...

Car il faut bien reconn*aî*tre
Que le bonhomme Nic*ai*se
En prend un peu trop à l'*ai*se
A me tr*aî*ner sur ce qu*ai*...
Hélas ! n'être qu'un Bal*ai*,
Vr*ai*ment, c'est loin d'être g*ai* !

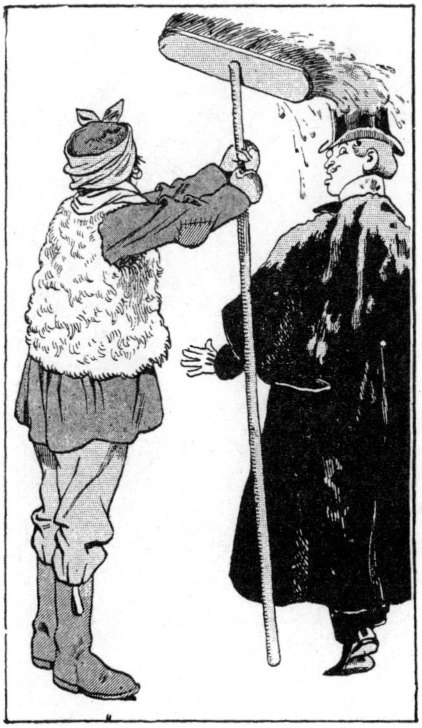

Note : *Quelques mots se terminent par* **aie**, *les principaux sont la haie, — la baie, — la craie, — la raie, — la monnaie, — la plaie, — la taie (d'oreiller)*; tous ces mots sont féminins.

= *AIN — pour — IN* =

LE BAIN DE M. GERMAIN

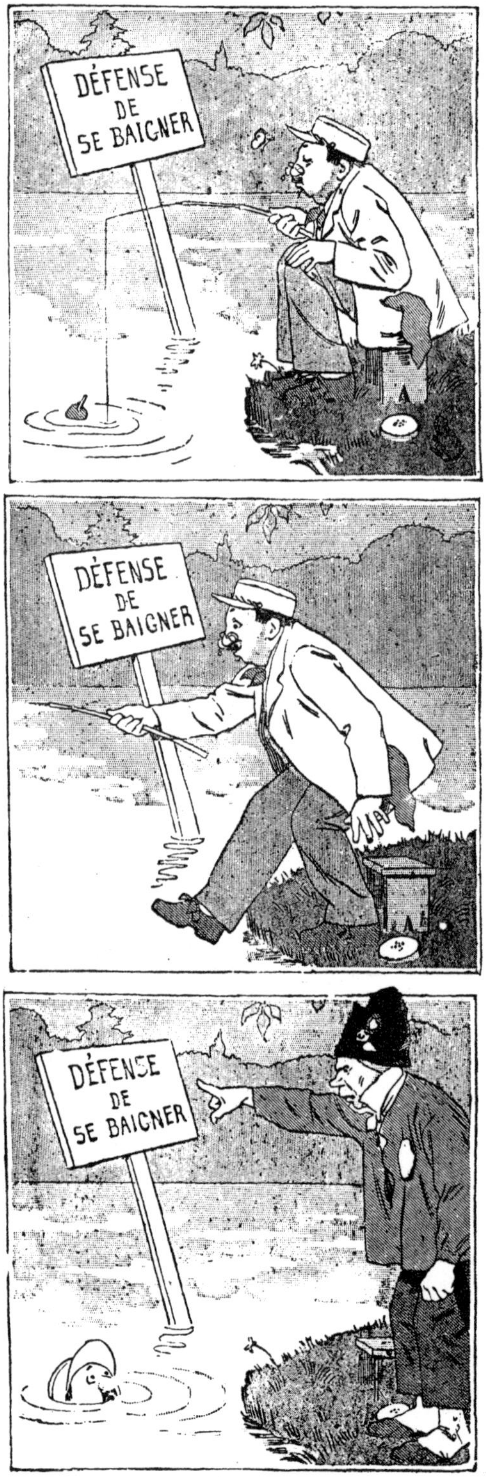

C'est ici la compl*ain*te
Du bon Monsieur Germ*ain*,
Qui vivait dans la cr*ain*te
Et l'observance s*ain*te
Des lois du genre hum*ain*.

Il n'était pas mond*ain*,
Mais légal châtel*ain*
Et maître souver*ain*
D'un domaine loint*ain*,
Avec fleuve proch*ain*.
Beau temps ou temps vil*ain*,
Il y pêchait en v*ain*...
La carpe, avec déd*ain*,
Regardait dans sa m*ain*
La ligne riche en gr*ain*,
En vers, en mouche, en p*ain*
(Avec ou sans lev*ain*),
Et même en massep*ain*....
Comme un triste refr*ain*,
Il disait : « A dem*ain* ! »

Or, un beau jour, soud*ain*,
Ça mord ! — « Par saint Germ*ain*,
« Mon parr*ain* !
« J'en tiens un, quel beau g*ain* ;
« Et certe, il n'est pas n*ain* ! »
Il s'élance... Ah ! quel b*ain* !...

Mais voici que grand tr*ain*,
S'avance un river*ain*,
Le vaillant garde, Urb*ain*,
Qui dit d'un air haut*ain*
Et d'une voix d'air*ain* :
— « Lisez donc ce quatr*ain*
« D'un très bon écriv*ain*,
« Cela dit que tout b*ain*
« Est ici fort mals*ain*.
« Donc, pour vous en conv*ain*cre,
« Soit bon gré, soit contr*ain*te,
« Mon cher contempor*ain*,
« Je vous dresse une pl*ain*te. »
— « Ah ! dit Monsieur Germ*ain*,
« J'ai grand tort, c'est cert*ain*.
« Je suis bien conv*ain*cu
« Hélas ! même v*ain*cu,
« Mais vite, au sec sur le terr*ain*.
« Sors-moi de ce Jourd*ain* ! »

CONTRAINDRE ET CONVAINCRE

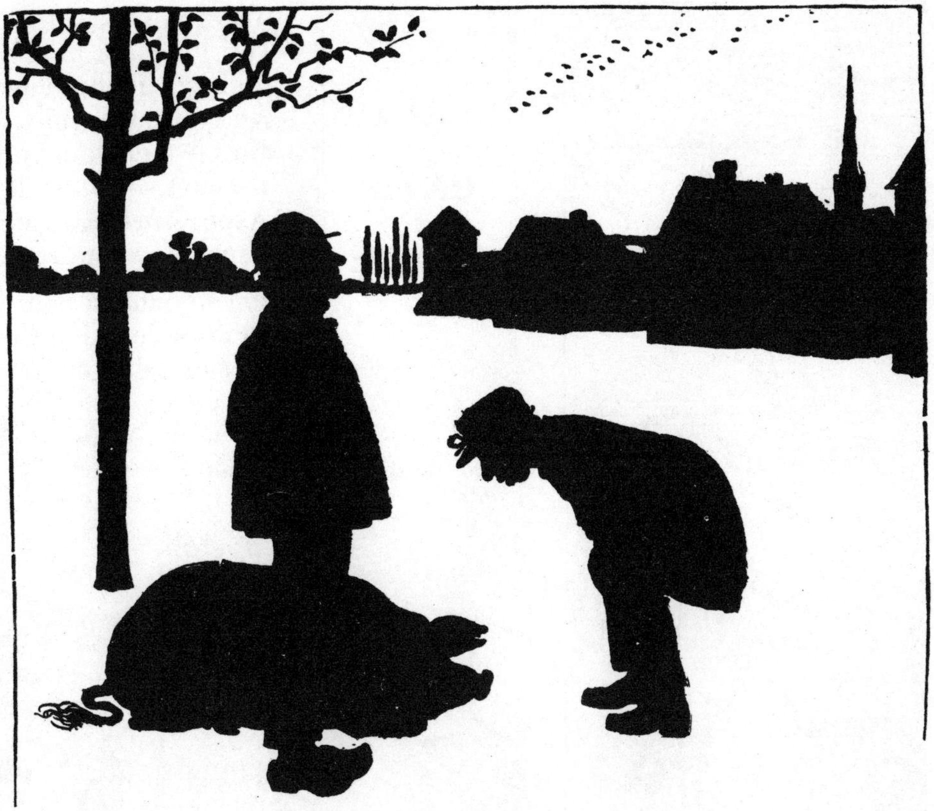

— Il a triste m*ain*tien votre Afri*cain*, maître Rom*ain*.

— Mon Afric*ain* ?...

— Oui, ce porc-là, n'est-il pas nègre ?

— Ah ! c'est vrai qu'il est plus couleur fus*ain* que chât*ain* ; avec cela, déjà une boule de s*ain*doux, et mangeant tout sans se pl*ain*dre comme un gai poul*ain*, le s*ain*foin, le plant*ain*, n'ayez cr*ain*te ! Vous plaît-il *ain*si ?

— Oui certes, en route m*ain*tenant.... »

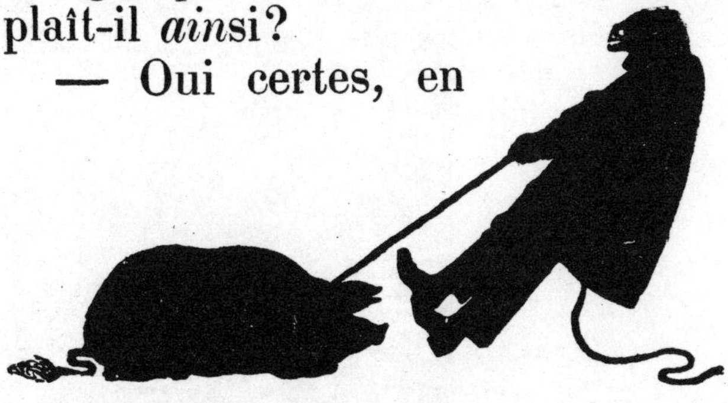

Contra*i*ndre !

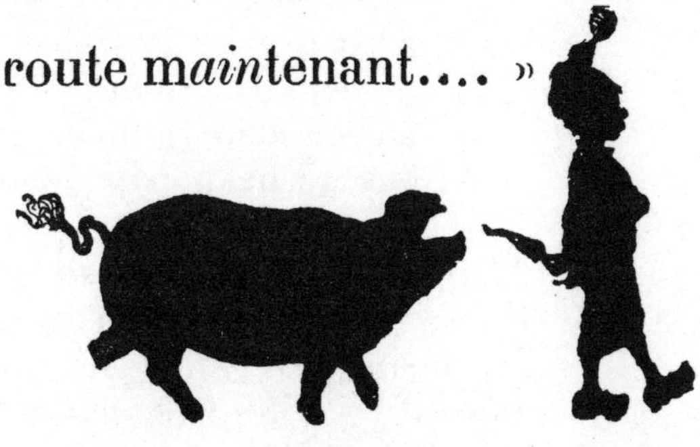

Conva*i*ncre !

MÉTAGRAMME

La baignoire est pour le ⋆ ain;
Le bain trop chaud n'est pas ⋆ ain;
Le géant n'est pas un ⋆ ain;
Le nain se grandit en ⋆ ain;
Le boulanger vend le ⋆ ain,
Le pain pétri de sa ⋆ ain.

MOTS A COMPLÉTER

De l'Afrique vient l'....cain;
D'Amérique l'....cain;
Du Mexique le ....cain;
De Lorraine vient le ....rain;
De Naples le ....tain;
Enfin de Rome le ....main.

LOGOGRIPHE

Trouve au métropolitain.
Des wagons; un Italien;
Métal mou; ville; aliment;
Bout du bras; gémissement;
Adjectif, son féminin;
Rivière et département.

Solutions. — *Log.* NIATILOPORTÉM, NIART, NIAMOR, NIATÉ, NIAT, NIAP, NIAM, ETNIAP, TNIAM, ETNIAM, NIA, NIA.

= AU — pour — Ô =

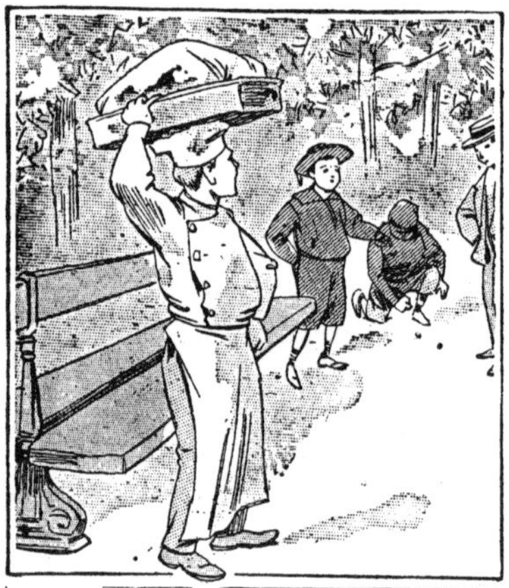

CLAUDE GATE-SAUCE

Voici le Gâte-S*au*ce, Cl*au*de,
Qui joue à la bille par fr*au*de ;
Mainte cuisine le m*au*dit,
Au contraire, lui s'appl*au*dit
De faire en route quelque p*au*se ;
Il court, il s*au*te, il rit, il c*au*se
Avec *Au*rèle, avec Guill*au*me,
Lançant la toupie ou la p*au*me...

Sur le banc le panier emb*au*me,
Et voilà le chien Chiquen*au*de
Qui sent de loin la s*au*ce ch*au*de.

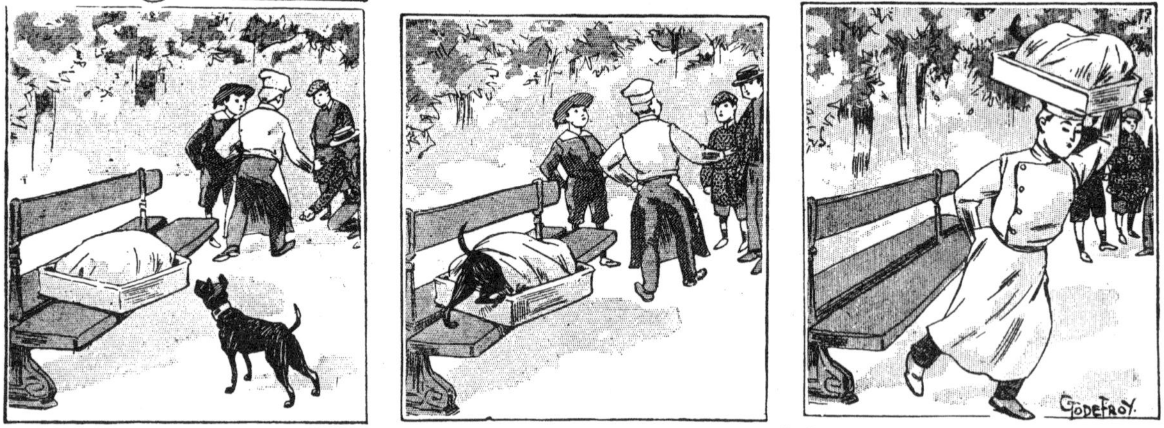

Il s'en vient rôder tout *au*tour,
C'est le meilleur chien du f*au*bourg ;
— « Sous le drap, voyons le ch*au*dron,
« Dit-il : Gibier, bœuf ou s*au*mon ?
« Ce serait trop de loy*au*té
« Et même de la cru*au*té
« De flairer sans goûter *au*ssi !
« Voyons ce beau pâté j*au*ni ? »

Midi sonne... Cl*au*de se s*au*ve...
Sous son bonnet à ruban m*au*ve,
La cuisinière a l'air *au*stère ;
Elle dit : « Vite, la s*au*cière
« Et le tout ! » — P*au*vre dame P*au*le !
Un chien lui bondit sur l'ép*au*le...
Cl*au*de, Cl*au*de, gare à la g*au*le !

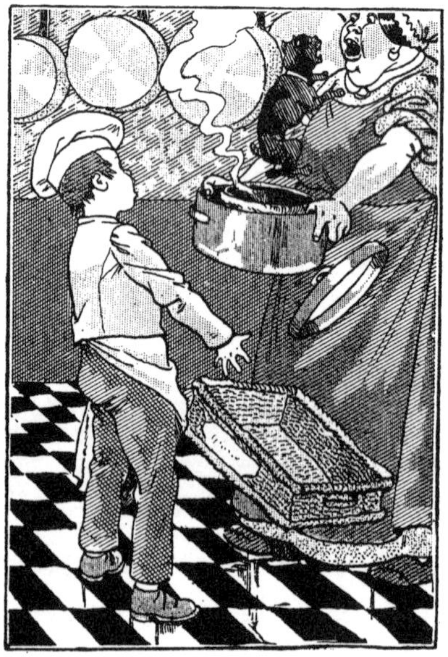

MÉTAGRAMME

Cadichon s'éveille à l'au⋆e,
Cadichon, notre baudet ;
Il boit un peu dans son au⋆e,
Puis, d'une voix de fausset,
Il brait, le cou long d'une au⋆e,
Cadichon, notre baudet.

LOGOGRIPHE

Tirer d'aubergiste :
Bond ; plante ; hareng ;
Sens de différent ;
Sévère, un peu triste ;
Outil serrant ; gîte
D'écureuil ; bois blanc, etc.

ANAGRAMME

Huit pieds : entretien exquis ;
Brouillez, bol pour le coulis ;
Puis, l'art de faire un salmis.

MÉTAGRAMME

Neuf pieds, modeste maison ;
Cœur changé, vaste chaudron.

SAUVE QUI PEUT !

*Au*jourd'hui M*au*rice, *Au*guste et L*au*rent se sont réveillés à l'*au*berge du village et, dès l'*au*be, les petits touristes se sont f*au*filés dehors, non sans s'être *au*paravant munis de g*au*fres pour déjeuner loin de toute ch*au*mière. Les voilà dans un pré non f*au*ché où des vaches, la J*au*ne et la Ch*au*ve c*au*sent en broutant les s*au*ges lilas et les liserons s*au*vages qui fleurissent les *au*bépines et les s*au*les.

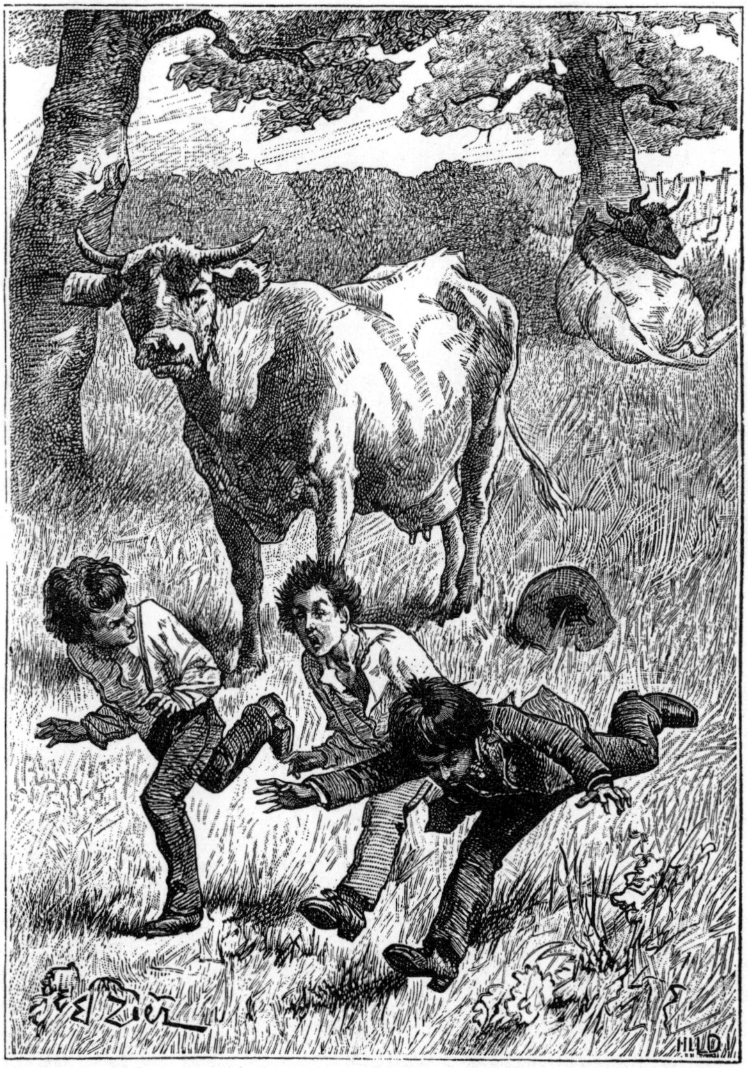

C'est le roy*au*me des f*au*vettes, des s*au*terelles et *au*ssi des t*au*pes qui font avec préc*au*tion leurs t*au*pinières.

L*au*rent a une idée s*au*grenue : — « Je parie, dit-il, de faire s*au*ter mon couvre-chef sur la corne g*au*che de la J*au*ne. » *Au*ssitôt dit, *au*ssitôt fait. — « Oh ! m*au*grée la Ch*au*ve, m*au*dit enfant, quelle *au*dace ! » Et elle beugle d'une voix r*au*que, en secouant m*au*ssadement la tête ; l'*au*tre se lève d'un s*au*t et l'air m*au*vais regarde *au*tour d'elle.... S*au*ve qui peut !... — Alors la vache se recouche, en disant : « P*au*vres nig*au*ds ! qu'ils usent leurs ch*au*ssures ! je ne vais pas m'éch*au*ffer à courir comme une *au*tomobile ! »

Solutions de page 8 : *Log.* ETSIGREBUA, TUAS, EGUAS, RUAS, ERTUA, ERÈTSUA, UATÉ, EGUAB, REIBUA. — *Anag.* EIRESUAC, ERÈICUAS, EIRECUAS. *Métag.* ERÈIMUAHC, ERÈIDUAHC.

MONSIEUR DE CRAC

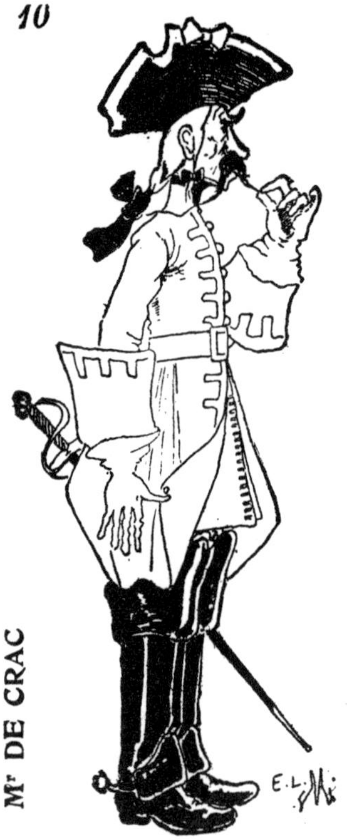

M^r DE CRAC

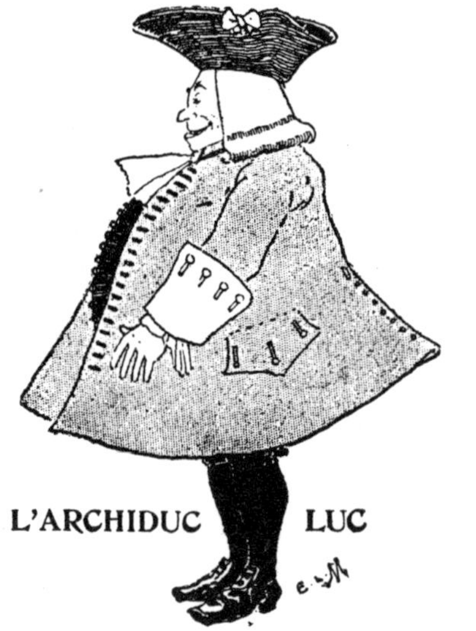

L'ARCHIDUC LUC

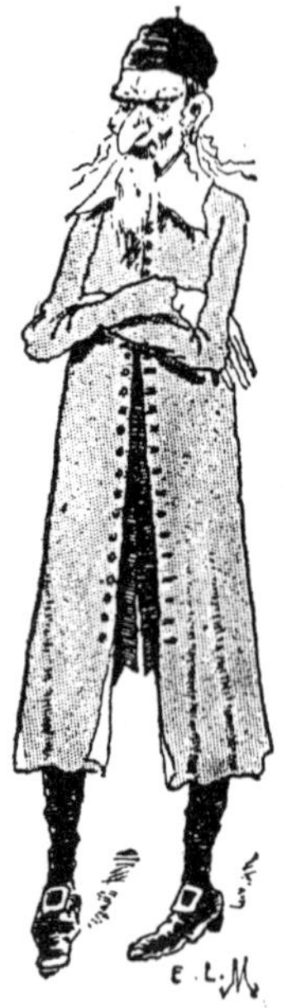

LE SYNDIC

C'est ici Monsieur de Cra*c*,
En tricorne, épée et fra*c*,
La ceinture à l'estoma*c*,
Et les gants couleur masti*c*.
Il étonne le publi*c*,
Disant, d'un air noble et fran*c*,
La main et l'épée au flan*c*,
Tout en prisant du taba*c*,
Ou bien fumant comme un Tur*c* :

« J'ai plus d'un tour dans mon sa*c*,
« Dans ma tête plus d'un tru*c*.
« Jadis, chez un archidu*c*,
« (Vous savez, le prince Lu*c*,)
« Un soir, j'éclairai le par*c*
« Simplement en tirant l'ar*c*,
« Et décrochant d'un coup se*c*
« Des étoiles... pas d'éche*c*.
« Par grand malheur, dans son la*c*,
« L'une vient tomber à pi*c*
« En s'éteignant ri*c* et ra*c* ;
« Aussitôt, un vieux syndi*c*,
« Méchant comme l'arseni*c*,
« Et représentant du fis*c*,
« S'indigna, l'air por*c*-épi*c*.

« Vainement, avec un cro*c*,
« On plongea. — Moi, par un tro*c*,
« Je refis l'astre en fer-blan*c*
« Gros et brillant comme un fran*c*.
« Puis, au ciel, du ta*c* au ta*c*,
« Je rendis ce bri*c*-à-bra*c*...
« Qui, depuis lors, brille ave*c*
« Les autres, sous un nom gre*c*. »

LOGOGRIPHE

De Pernambouc d'Amérique
Tirer : Empire d'Afrique ;
Ensuite un parler ancien ;
Une ville près d'Agen ;
Une arme ; un pot pour le vin ;
Puis un hareng frais salé ;
Puis le reste du café ;
Une roche ; un grand enclos ;
Un siège étroit ; un bateau ;
Puis la bouche des bipèdes ;
Pour finir deux quadrupèdes.

CHARADE

Mon premier commande les rois ;
Mon second domine la terre ;
Et de mon tout, pris dans un bois,
Une reine illustre, autrefois ,
Se fit une arme meurtrière.

Solutions. — *Log. CUOBMANREP, CORAM, CO, CARÉN, CRA, CORB, CEP, CRAM, COP CRAP, CNAB, CAB, CEB, CROP, CUOB. — Char. CIP-SA.*

Note. — 1° *Public est le seul adjectif dont le masculin se termine par* **ic** ; *tous les autres prennent* **ique** *pour les deux genres : comique, héroïque.*

Solutions de page 11. — *Log. I. TNEDICCA, TNECCA. — II. TISSECCA, SÈCCA. — III. NOÈDROCCA, DROCCA.*

Note. — 2° *Le* **c** *final est muet dans : tabac, estomac, cric, broc, croc, accroc, escroc, porc, clerc et après* **au** *et* **on** *sauf donc.*

Un jour, mon ami Frédéric
Alla dans ce jardin public
Où, d'Orient et d'Occident,
A travers plus d'un accident,
Des bêtes vont s'accumuler
Soi-disant pour s'acclimater!

De l'Arche c'est la succursale :
Kangourou bondit par saccade;
Chameau, de bosses accablé,
Va d'un pas moins accéléré;
Bientôt au Zèbre a succédé
Hippopo, le mal accoutré,
Lourd et stupide comme un banc
Et fort méchant, pour [parler franc.

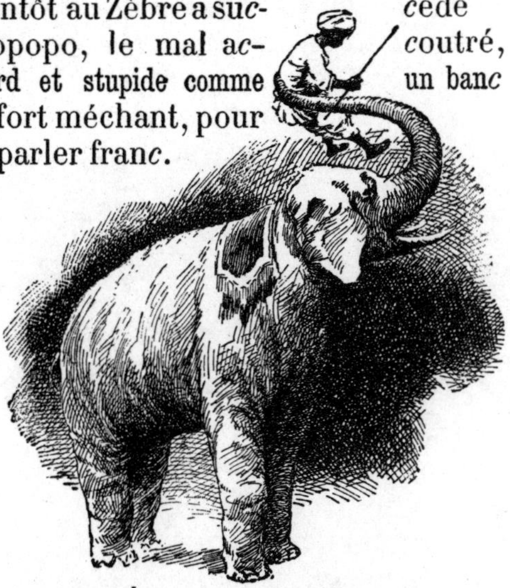

Puis voici l'Éléphant. Quel bloc!
Énorme et ferme comme un roc,
Sa jambe est grosse comme un tronc,
Sa queue est fine comme un jonc
Partout, il s'entend acclamer;
On voudrait lui faire accepter
Sucre, gâteaux, pipe et tabac.
« Il sait fumer, dit son cornac,
« Mais il en prend mal d'estomac.... »

Vient dame Autruche au long cou sec
Qui rue, en crachant à plein bec
Aussitôt qu'on veut l'accoster;
Girafe peut l'accompagner....
Une autre porte donne accès
Chez les Singes. Là, grand succès!

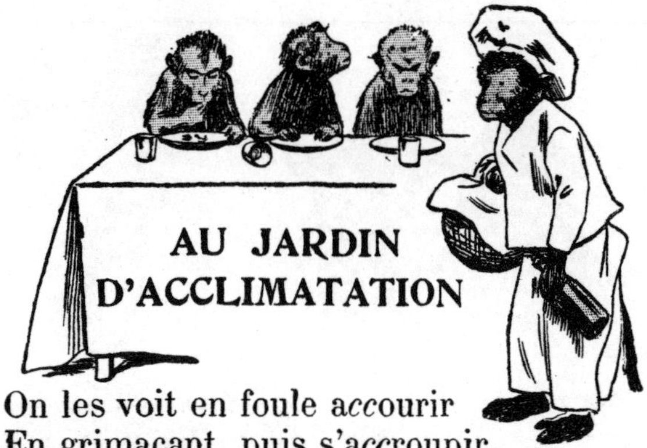

On les voit en foule accourir
En grimaçant, puis s'accroupir
Dans quelque coin, ou s'accouder
A la grille, puis s'accuser,
Sauter, se battre et s'accorder
Sans rancune pour accomplir
Quelque farce, ou pour accueillir
Un fruit, un bonbon succulent,
Chacun grognant en son accent :
« Manger, quelle occupation
Charmante en toute occasion! »

Du spectacle inaccoutumé,
Frédéric, trop accaparé,
Marche au hasard.... Ah! quel accroc...
Croyant qu'il s'agit d'un escroc,
La dame, qui reçoit un choc
Crie en lâchant ombrelle et sac,
Puis, voilà gifles, flic et flac,
Tombant à pic
Sur Frédéric :

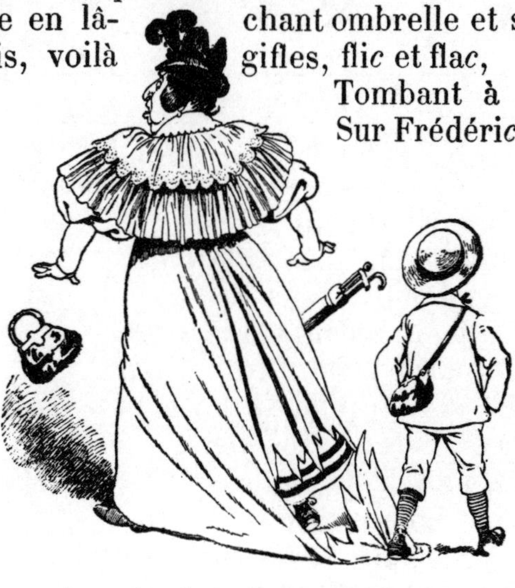

Respectons tout accoutrement,
Évitons tout saccagement!

LOGOGRIPHE I	II	III
Sur huit pieds mésaventure; *Sans cœur, signe d'écriture.*	*Huit pieds: sauf prix, le mieux;* *Sans queue, instant fiévreux.*	*Neuf pieds : soufflet à musique;* *Six pieds : sons en groupe unique.*

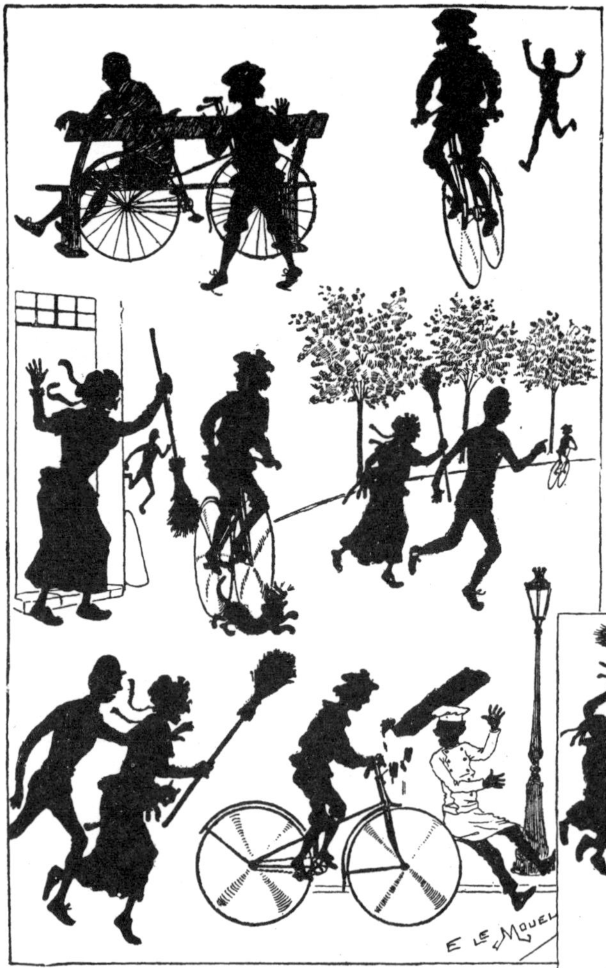

LUCIEN LE FARCEUR

Un *c*ertain petit gar*ç*on,
Qui n'aimait pas sa le*ç*on,
Vagabondait sans fa*ç*on.
Un jour, rôdant sur la pla*c*e,
Il vient par derrière Igna*c*e
Et, sans troubler *c*elui-*c*i,
Il enfourche sans mer*c*i
Le bi*c*ycle que voi*c*i.
Igna*c*e s'élan*c*e,
L'autre le devan*c*e
Écrasant comme une pu*c*e
Le toutou de dame Lu*c*e!
— Holà! holà! la poli*c*e....
Lu*c*ien suit son capri*c*e
Et culbute, sans annon*c*e,
Le grand marmiton Léon*c*e.

L'autre pousse un cri féro*c*e:
— « C'était un repas de no*c*e! »
Chacun poursuit et mena*c*e
Ce gamin de Lu*c*ien
Qui va tomber dans la gla*c*e
De Vin*c*ent, pharma*c*ien.
Et voilà tout en mor*c*eau :
Cy*c*le, vitre et jouven*c*eau!

Vite, vite, un méde*c*in!
Il ordonne du ri*c*in,
Prédit une *c*icatri*c*e
Et fait payer son offi*c*e....
Puis il faut payer Igna*c*e,
Lu*c*e, Léon*c*e et Vin*c*ent,
Cinq francs, dix francs, même *c*ent, —
Et papa fait la grima*c*e....

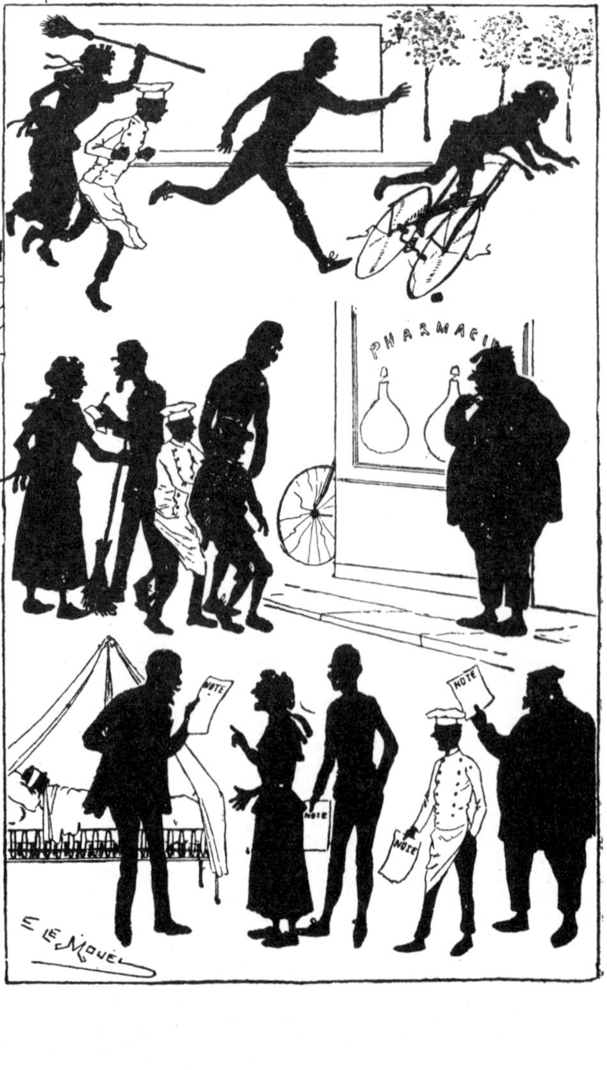

LA REMONTRANCE

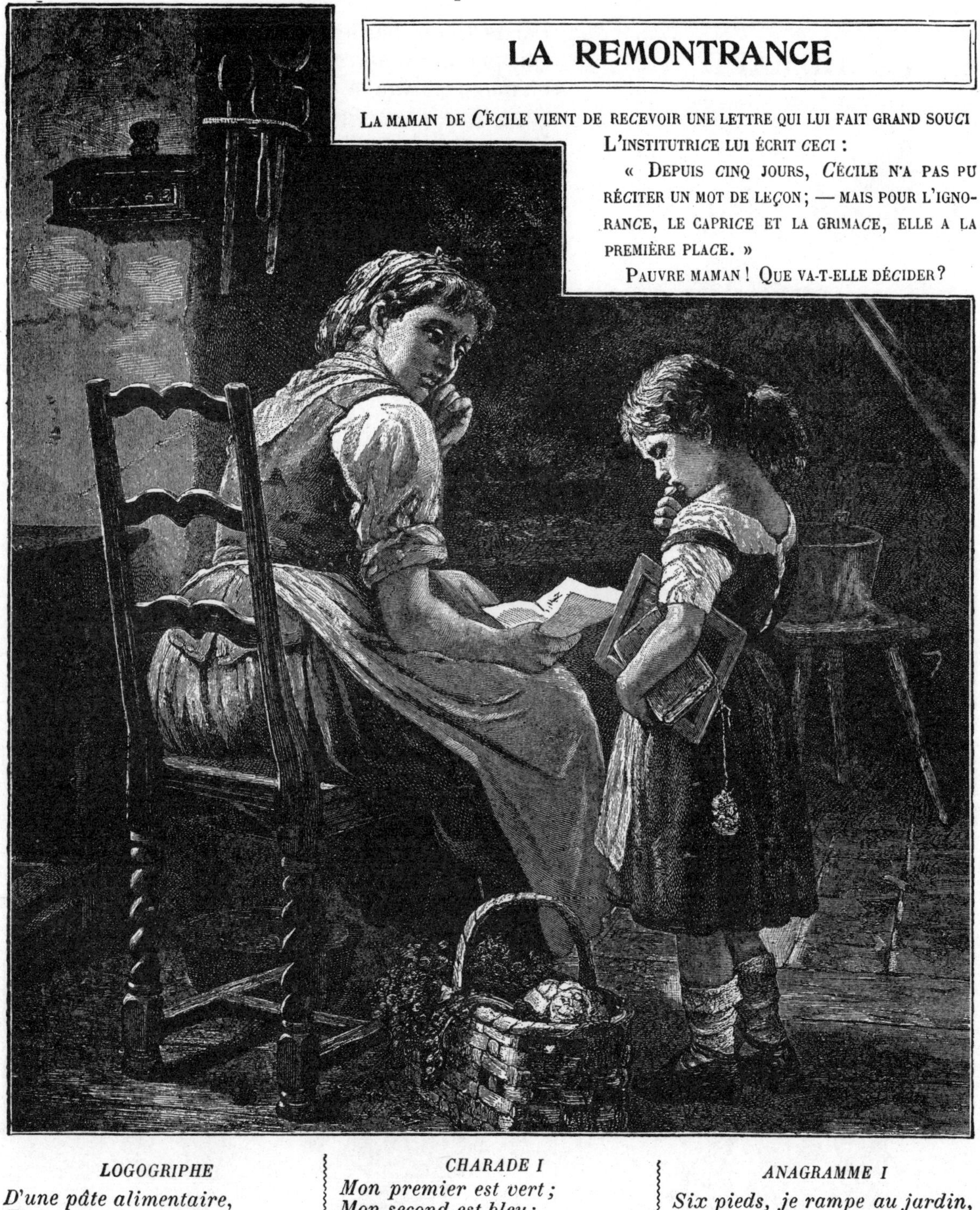

La maman de Cécile vient de recevoir une lettre qui lui fait grand souci L'institutrice lui écrit ceci :

« Depuis cinq jours, Cécile n'a pas pu réciter un mot de leçon ; — mais pour l'ignorance, le caprice et la grimace, elle a la première place. »

Pauvre maman ! Que va-t-elle décider ?

LOGOGRIPHE

D'une pâte alimentaire,
Tirer : plante potagère ;
Remercîment ; grand défaut ;
Le contenu du cerveau ;
Sommet ; poil de la paupière ;
Arène et toit de la terre ;
Œuvre d'abeille ouvrière ; etc.

CHARADE I

Mon premier est vert ;
Mon second est bleu ;
Et mon tout est précieux.

II

Un te sert quand tu couds,
Deux, d'un mont est le bout,
Et le tout vaut deux sous.

ANAGRAMME I

Six pieds, je rampe au jardin,
Mêlez, je suis tour malin.

II

D'abord verbe, je dis : pardonne !
Mêle : et fumeur m'affectionne
Ou décrotteur me frictionne.

Solutions. — *Log. :* ELLECIMREV, IRELÉC, ICREM, ECIV, ELLEVREC, EMIC, LIC, ECIL, LEIC, ERIC. — *Char. I.* XUEIC-ÉRP. — *Char. II.* EMIC-ÉD. *Anag. I.* ECAMIL, ECILAM. — *II.* EICARG, ERAGIC, EGARIC.

Le HOMARD

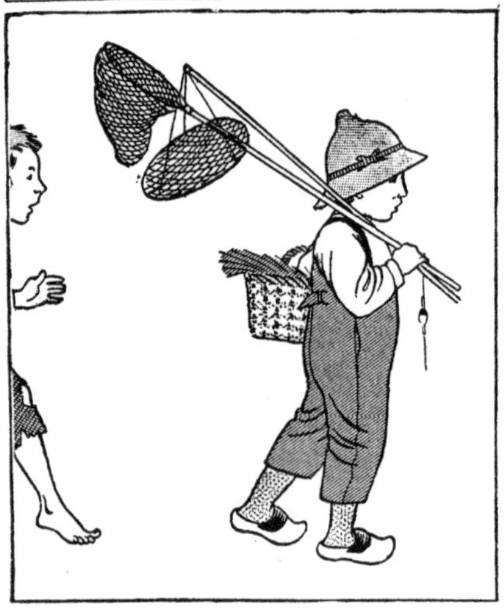

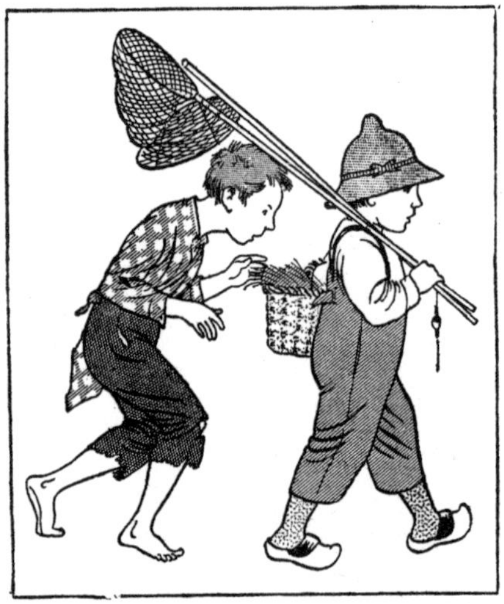

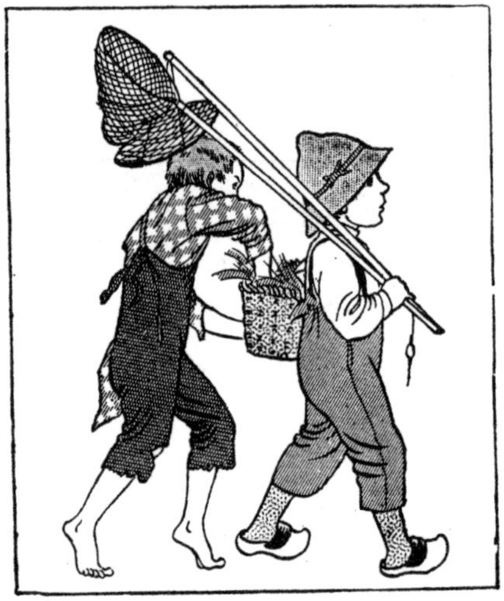

Par le soleil, par le brouillard,
Qui pêche toujours? C'est Bernard.
Sa mère est veuve… pain et lard,
Sans lui manqueraient au placard.
Rentrant aujourd'hui panier lourd,
De joie, il chante comme un sourd.

Qui dort au chaud comme un lézard?
Pour pêcher, toujours en retard,
Ne travaillant que par hasard;
Paresseux, menteur et bavard,
Qui vit de vol, comme un brigand?
C'est le mauvais garçon, Armand.
A pas de loup, d'un pied fuyard,
Il suit Bernard, l'air goguenard.

Dans le panier, plein jusqu'au bord,
Les homards sont en désaccord ;
La pince en l'air comme un poignard
Ils se bousculent sans égard....
Voici la main du vagabond
Qui, pour mieux s'emplir, glisse au fond ;
Mais un beau petit homard blond
Serre avec rage son doigt rond ;
En vain il recule d'un bond,
L'autre le retient furibond ;
Armand crie et geint tout penaud....
Se retournant vers le maraud :
« On dirait vraiment le renard
Que la poule a pris », dit Bernard.

MÉTAGRAMME

*Qui garde les secrets qu'il lit ? — C'est le b*vard.*
*Et quel autre aussitôt les dit ? — C'est le b*vard.*

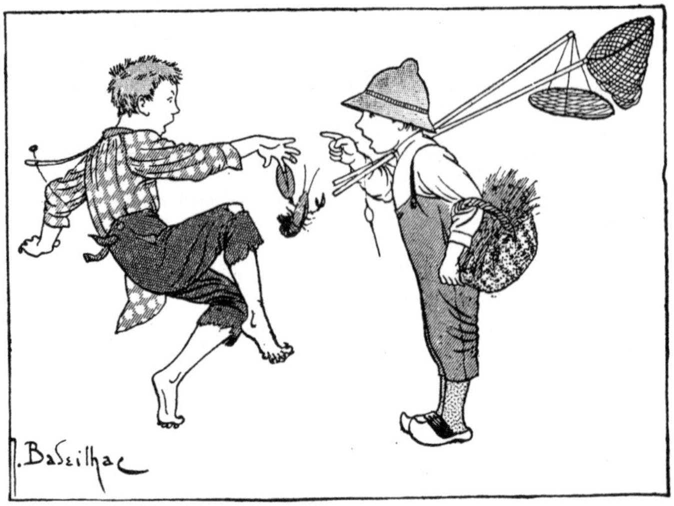

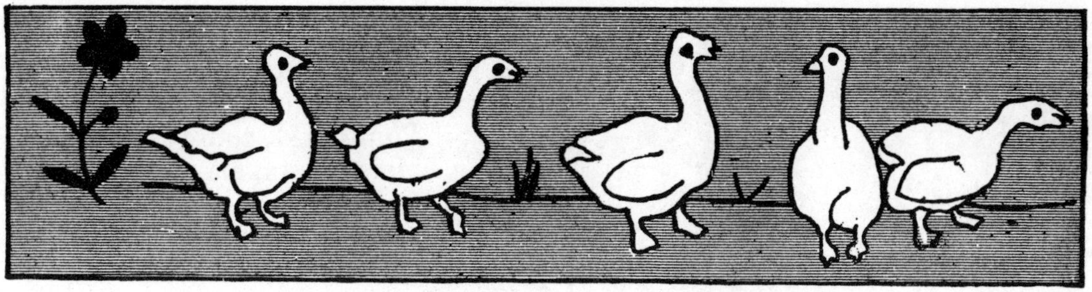

CANARDS ET CRAPAUDS

Quand à l'eau vont les canards, — Voici le chant des crapauds:

Ce premier canard
Est un peu bavard,
Et pataud.
Ce second canard
Est un peu pillard,
Et finaud.

Cet autre canard
Est un peu vantard,
Et badaud.
Ce nouveau canard
Est un peu musard,
Et lourdaud.

Ce dernier canard
Est fort nasillard,
Et courtaud.
Et tous ces canards
Ont peur des têtards
Moricauds.

EN RETARD A L'ÉCOLE

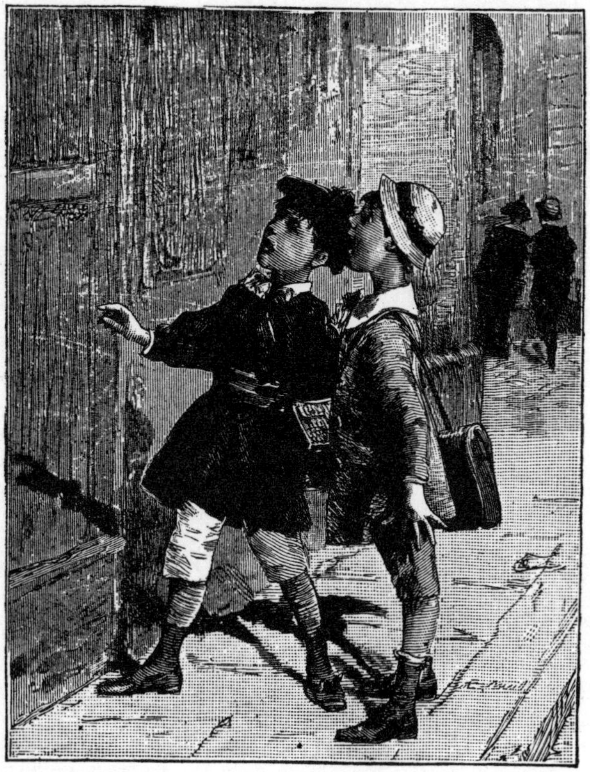

Plus de froid! ni de vent du nord! à bas foulard chaud et plaid.

Les oiseaux font leurs nids et les moutards flânent.... Voilà d'abord Edmond, le campagnard, l'air hagard; le second tout penaud, c'est Léopold, le fils du marchand de pétards.

Sur le boulevard ils ont regardé ici un tisserand, là un léopard empaillé, puis les grands hussards défilant avec leur étendard à glands d'or.

Quand un bon vieillard leur a dit l'heure, ils n'ont fait qu'un bond.... Trop tard, hélas ! la porte se fermait en criant sur ses gonds. Aussi quels regards !

MÉTAGRAMME

Je suis un beau département
Du midi de la France;
Puis un végétal odorant;
Une arme au fer étincelant
Qu'au loin on lance;
Puis sorte d'onguent colorant;
Puis ce qui ne vient pas à temps;
Enfin, un solide aliment
Des paysans de France

Solutions : *DRAG, DRAN, DRAD, DRAF, DRAT, DRAL.*

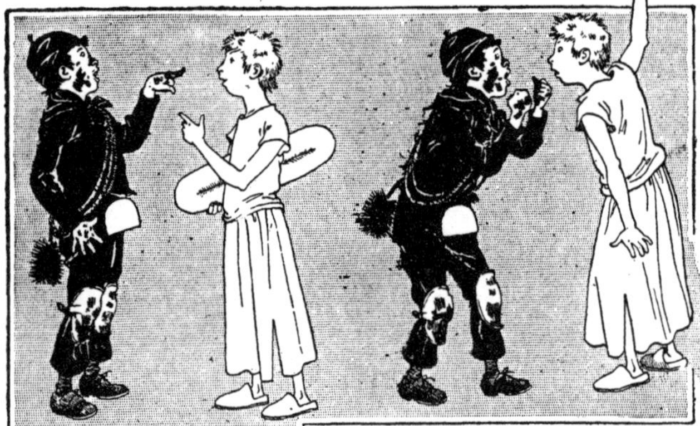

JEAN FARINE et JEAN LA SUIE

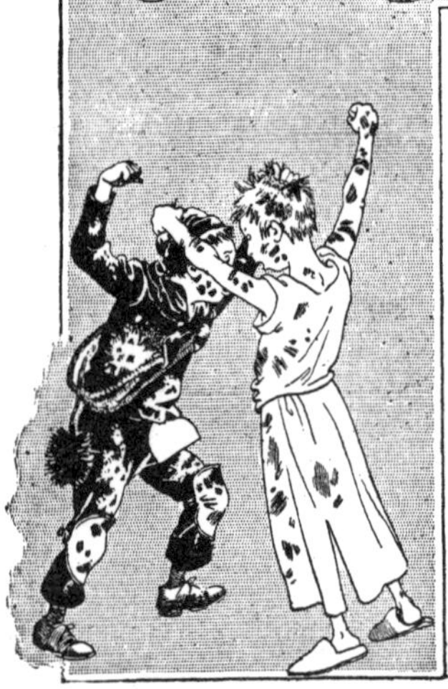

Noir et blanc comme une pie,
Jean-Farine et Jean-la-Suie
Se rencontrent dans la rue,
Et tous deux à cette vue
Font la grimace et la moue.

JEAN-LA-SUIE

Comme elle est pâle ta joue,
O ma blanche petite oie !
Je le constate sans joie;
Reviens-tu de maladie?
Ou bien es-tu fait en mie
De pain, sans cachotterie?

JEAN-FARINE

Rentre dans ta cheminée
Et tais-toi, noir scarabée,
Dont l'éponge est l'ennemie
Et l'ombre la seule amie !
Va, toi plus noir que la boue,
Va, sur les toits, fais ta roue.

JEAN-LA-SUIE

Oui, je chasse la fumée,
Et, sans moi, point de fournée
Pour toi, de toute l'année....
Mais j'ai fini ma journée,
Et je m'en vais en soirée.

JEAN-FARINE

Assez longue causerie,
Voilà pour toi, Jean-la-Suie !

Quelle affreuse batterie !
Coups de poing comme massue
Font retentir l'avenue.
Ils roulent sans retenue,
Dessus, dessous, en cohue....
Mais soudain, sorcellerie !
Jean-Farine semble en suie,
Et l'on dirait qu'une ondée
Ou même une giboulée,
A blanchi comme dragée
Le second Jean, par risée.

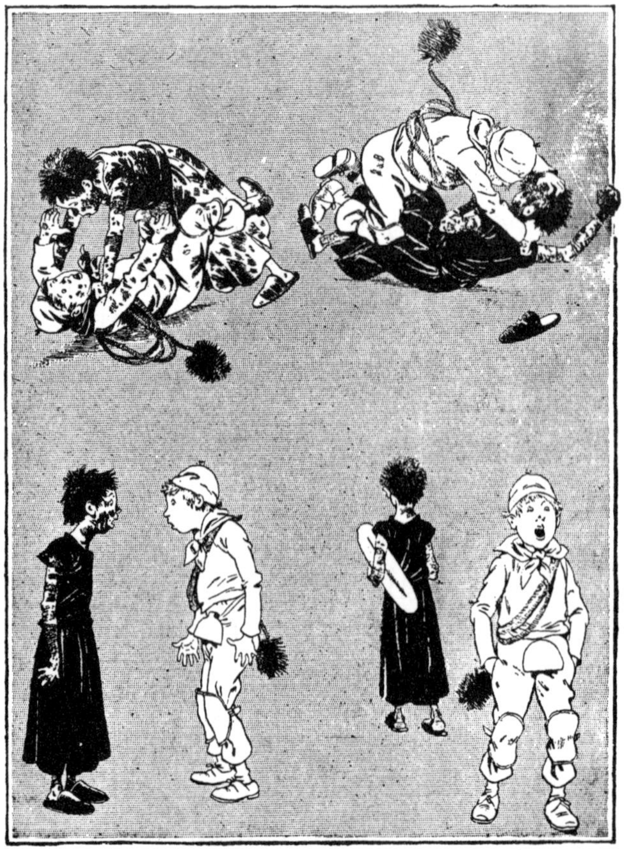

La DICTÉE au LYCÉE

Mes enfants, faisons la dicté*e* ;
C'est toujours une heureuse idé*e*;
A l'école, au cours, au lycé*e*,
On en fait toute la journé*e*,
Et dans la bonne compagni*e*
On y peine un quart de la vi*e*.
Vite, sans faute et sans bévu*e*,
Passons quelques mots en revu*e* :

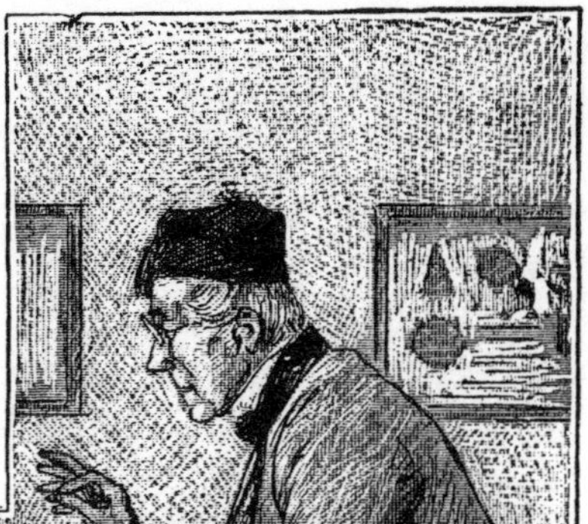
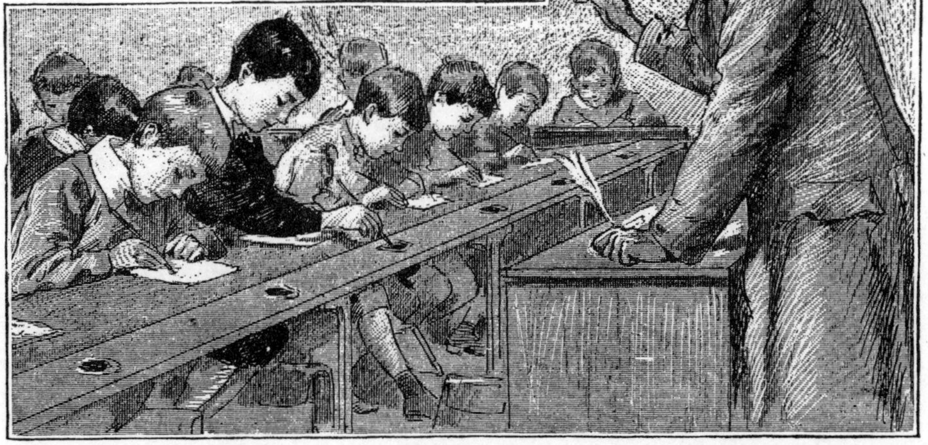

Le musé*e*
Le camé*e*
Le mausolé*e*
Le scarabé*e*
Le pygmé*e*
Le rez-de-chaussée
Le paraplui*e*
Le géni*e*
Le messi*e*
L'impi*e*
L'incendi*e*
Le foi*e* (de veau)

On dit : tranchant comme une épé*e*,
Et maigre comme une araigné*e*.
On dit : adroit comme une fé*e*,
Amer comme la chicoré*e*;
Tranquille comme une poupé*e*
Et brillant comme une fusé*e*.
On dit : frais comme la rosé*e*,
Et léger comme la fumé*e*.

On dit : bruyant comme la ru*e*,
Aplati comme une moru*e*.
On dit : lent comme une tortu*e*,
Et raide comme une statu*e*.
On dit : lourd comme une massu*e*,
Dangereux comme la ciguë,
Et tendre comme la laitu*e*.

On dit : vert comme la prairi*e*,
Et babillard comme une pi*e* ;
Desséché comme une momi*e*,
Aussi froid que la Sibéri*e*,
Puis ronflant comme une toupi*e*,
Et grinçant comme une pouli*e*.
On dit aussi : noir comme sui*e*,
Puis ennuyeux comme la plui*e*.

On dit : piquant comme une orti*e*,
Et gonflé comme une vessi*e* ;
Et beau comme une féeri*e*.
On dit : crier comme une orfrai*e*,
Et l'on dit : blanc comme la crai*e* ;
Puis on dit : fin comme la soi*e*,
Enfin, stupide comme une oi*e*.

MÉTAGRAMME I

Ce vin laisse de la ⋆ie.
Le pain contient croûte et ⋆ie;
On dit la bourse ou la ⋆ie,
A Jean qui répond : ⋆ïe!

II

L'oiseau picote une ⋆aie,
Près de son nid sur la ⋆aie.
Le crayon fait une ⋆aie:
L'oreiller est dans sa ⋆aie.

LOGOGRIPHE I

D'une boulangerie
Tirer : force tableaux ;
Crotte ; fond des tonneaux ;
Puis route ; disque ; impôts ;
Vapeur ; pâtisserie ;
Deux pays ; deux oiseaux ;
Signe d'écueil sur l'eau ;
Froid aux doigts ; talent haut ;
Nuages et flambeau ; etc.

II

Quatre lettres forment mon nom :
Je suis l'œuvre d'une chenille ;
Je deviens sans queue un pronom ;
Enfin sans tête un volatile.

MÉTAGRAMME III

J'éclabousse bêtes et gens,
Puis voilà que chacun m'embrasse,
Alors je fais une grimace,
Enfin, je tourne tout le temps.

Solutions. — *Log. : I.* EIREGNALUOB, EIRELAG, EUOB, EIL, EUR, EUOR, EIGÉR, EÉUB, EILBUO, EIRÉGLA, EÉNIUG, EIO, EURG, EÉUOB, EÉLGNO, EINÉG, EUN, EÉUN, EIGUOB. — *Log. II.* EIOS, IOS, EIO. — *Mét. III.* EUOB, EUOJ, EUOM, EOUR.

= EAU — pour — Ô =

Au BORD du RUISSEAU

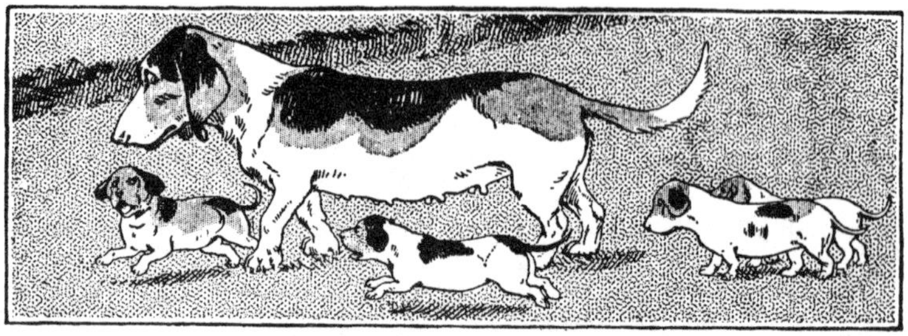

Au bois de Fontainebl*eau*,
Noble dame Bigarr*eau*,
Une chienne du chât*eau*,
Promène, au pied du cot*eau*,
Ses quatre fils en troup*eau*.

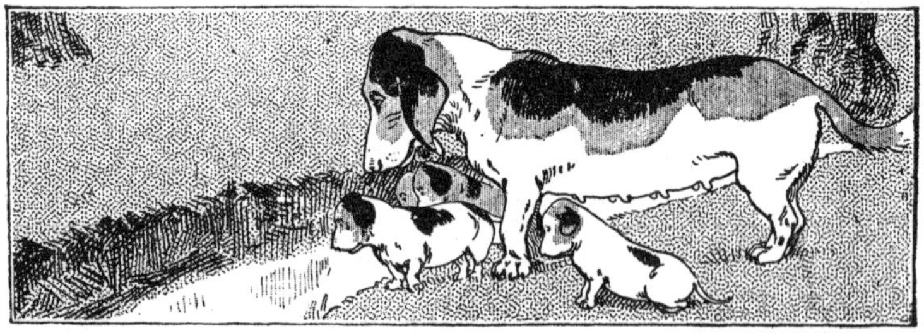

Voici le bord d'un ruiss*eau*....
Où passer ?... Aucun rad*eau* !
Et pas même un vieux tonn*eau*
Qui servirait de bat*eau*....
L'autre bord paraît si b*eau* !...

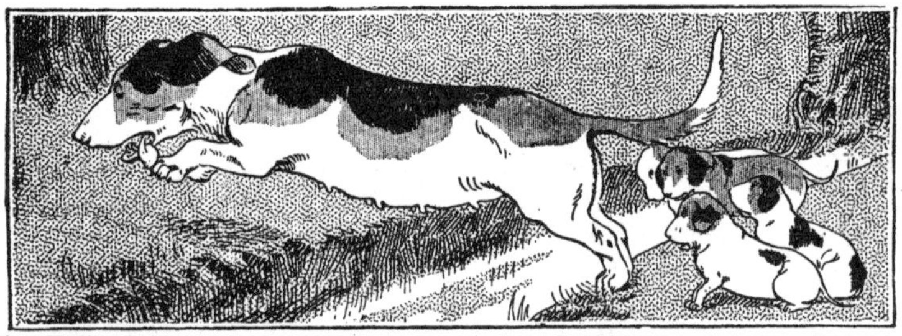

Que n'est-on léger ois*eau* !...
Ou frétillant maquer*eau* !...
Mais entre queue et mus*eau*,
Cette mère, en son cerv*eau*,
Déjà trouve un truc nouv*eau*.

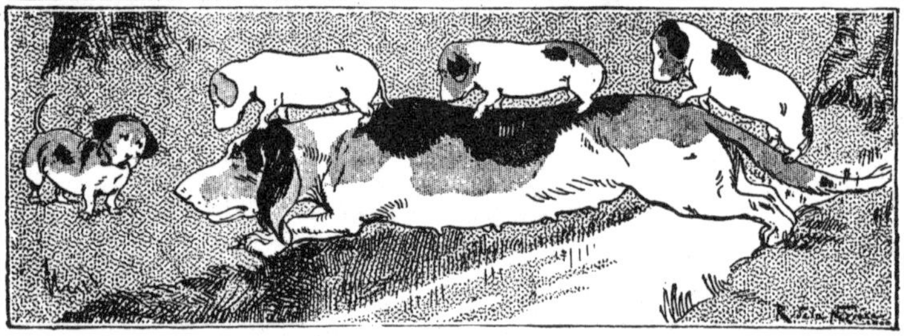

Admirez ce soliv*eau* !
Pont de chair, d'os et de p*eau*.
Trois à la fois ! Quel fard*eau*,
Si l'on n'est pas un cham*eau*...
N'importe, on passera l'*eau* !

MÉTAGRAMME I

Chef changeant sans répit :
— Je suis ton petit lit ;
Puis ton jouet chéri.
— Bonne pâtisserie ;
Puis outil de prairie.
— Arbre en moelle rempli ;
Puis meuble où l'on écrit.

II

Cœur changeant pour la suite :
— J'offre coursier d'élite ;
Puis coiffe de visite.
— Oiseau de noir paré ;
Puis corde à mesurer.
— Enfin, noix très peu faite ;
Et contenu de tête.

LOGOGRIPHE

Que l'on mette
Bas ma tête
Me voilà devenu
Contenu.

ÉNIGME

Cinq voyelles, une consonne
En français composent mon nom,
Et je porte sur ma personne
De quoi l'écrire sans crayon.

CHARADE I

Un sonne la chasse,
Et deux n'est pas laid ;
Mais le tout sans grâce
Ce soir croassait.

II

Mon 1er se trouve en musique ;
Et d'ailleurs aussi mon second ;
Mon trois est bête domestique ;
Et mon tout soutient le plafond.

III

De mon 2 sont faits les souliers ;
Pour le bonheur des savetiers
Bientôt s'y montre mon premier ;
Et dans les champs paît mon entier.

IV

Mon un ? travail de plume et d'encre ;
Deux ? Le marin y jette l'ancre.
Et sans voix donnant des avis
Mon tout dit : Par là... Par ici...

Solutions. — *Mét. UAECREB, UAECREC, UAETAG, UAETAR, UAERUS, UAERUB, UAEMAHC, UAEPAHC, UAEBROC, UAEDROC, UAENREC, UAEVREC. — Log. UAES, UAE. — Énig. : UAESIO. — Char. I. UAEB-ROC. II. UAEV-I-LOS. — III. UAEP-OURT. — IV. UAE-TIRCÉ.*

UN BEAU CHAPEAU

Le petit pastour*eau* va aller à la fête du ham*eau*; il a déjà fait paître son troup*eau*. Maintenant, Isab*eau* orne le chap*eau* de son jum*eau*; à genoux sur l'escab*eau*, elle attache une plume de corb*eau* de toute b*eau*té et une branchette de boul*eau* argenté. En même temps, elle demande : Le petit v*eau* a-t-il encore eu peur des ois*eaux* ?

— Bien sûr! Comme un moin*eau* était tombé près de lui du grand orm*eau*, il est allé cacher son mus*eau* dans un arbriss*eau* voisin. Bon, un souric*eau* lui part entre les jambes! Ah la belle fuite! Il a failli briser un barr*eau* de la barrière et renverser un des pot*eaux*. Le taur*eau* avait l'air très mécontent de lui.

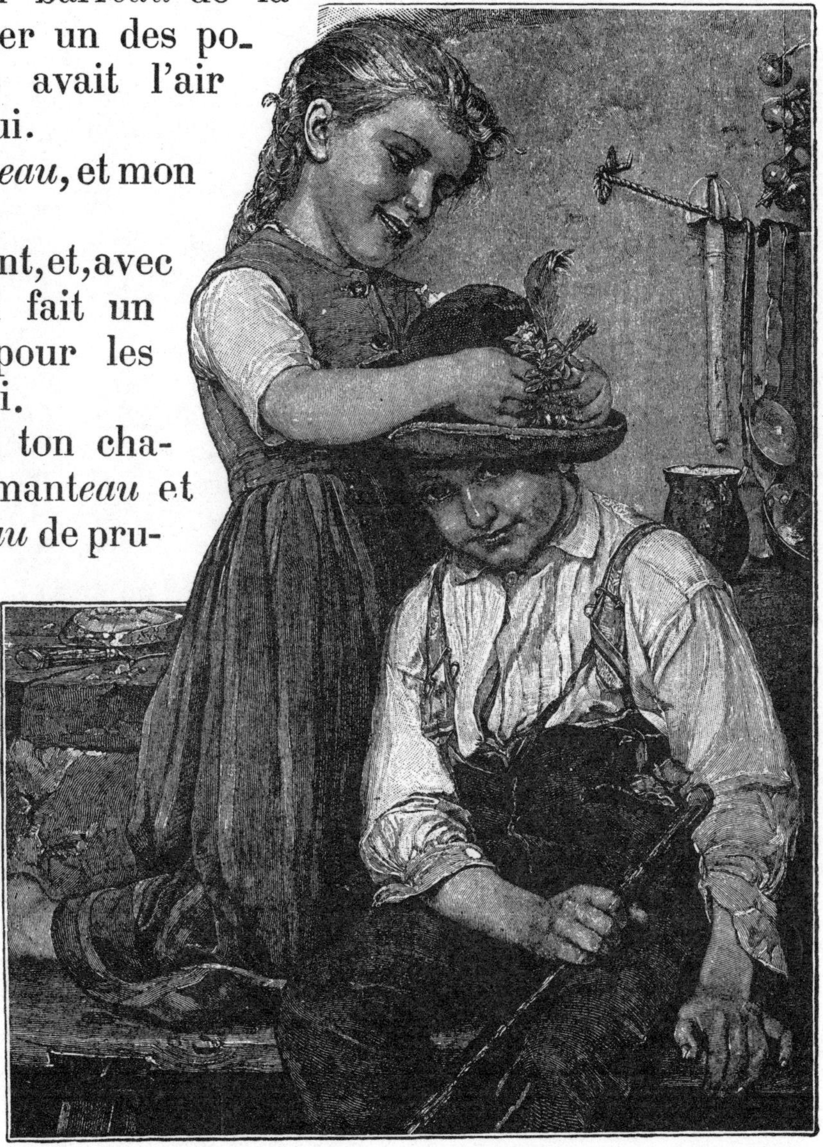

— Et mon chevr*eau*, et mon agn*eau* blanc?

— Ils s'apprivoisent, et, avec mon cout*eau*, j'ai fait un sifflet de ros*eau* pour les appeler près de moi.

— Allons, voilà ton chap*eau* : prends ton mant*eau* et un morc*eau* de gât*eau* de prun*eaux* pour ta route. N'oublie pas tes commissions : pour papa un mart*eau* et un rât*eau*; pour maman un plum*eau* et un échev*eau* de coton; pour le petit frère un cerc*eau*....

— Bon! Et j'y ajouterai encore un cad*eau* pour toi!

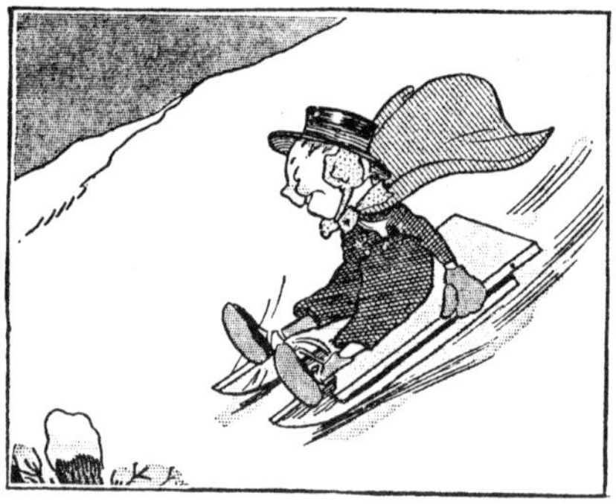

UNE BOULE DE NEIGE SANS PAREILLE

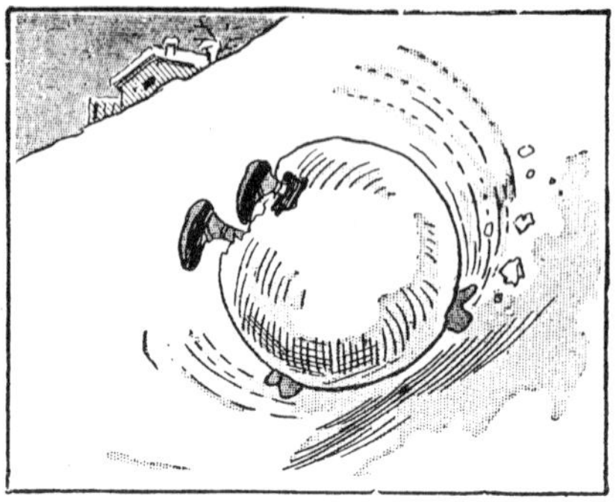

Pas de fleur ni de perce-n*ei*ge,
C'est encor le temps de la n*ei*ge
Sous qui dorment l'herbe et le s*ei*gle....
Avec gants et cache-nez b*ei*ge,
Fanfan, qui s'arrache au somm*ei*l,
Sur son traîneau glisse au sol*ei*l,
Dressant vers le ciel son ort*ei*l.
Comme l'éclair, sans cran ni fr*ein*,
Il file sous le ciel ser*ein*.

Holà ! holà ! quelle merv*ei*lle !
Ou catastrophe sans par*ei*lle !
Plus de visage au nez verm*ei*l,
Pas un cri pour donner l'év*ei*l,
Plus rien de Fanfan, sauf l'emp*ei*gne
De ses souliers, piteuse ens*ei*gne....
Ah ! sur son sort qu'on me rens*ei*gne ?
Cette boule m'alarme en pl*ein* :
Que se passe-t-il dans son s*ein* ?

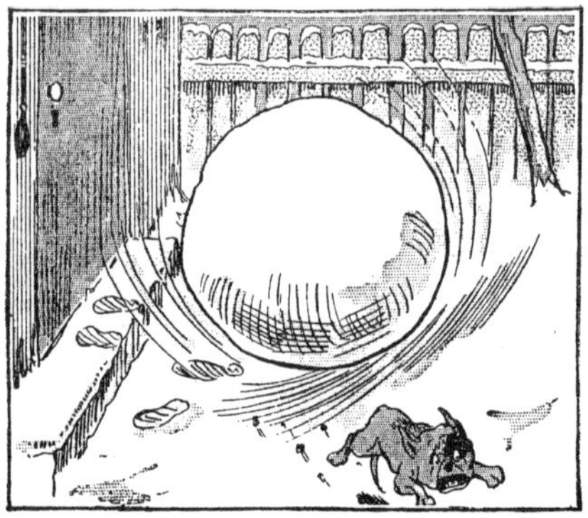

Le b*ei*gnet
Le p*ei*gne
Le p*ei*gnoir
L'ét*ei*gnoir
Ens*ei*gner
L'empr*ein*te
P*ein*dre
Att*ein*dre
Ét*ein*dre

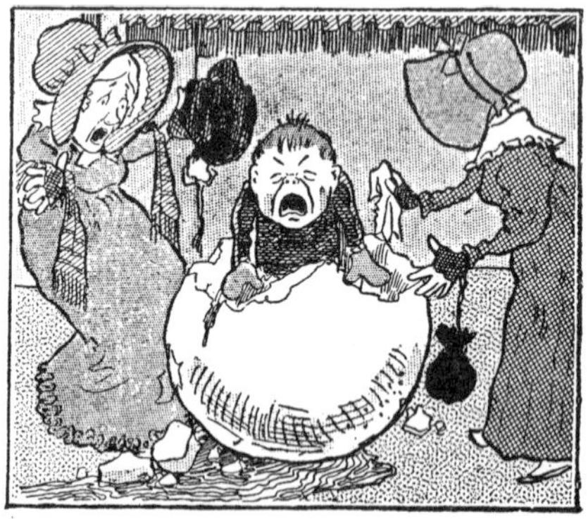

Tour sur tour, onze, douze, tr*ei*ze,
La boule roule ! Enfin, à s*ei*ze,
Ça cogne à la porte de R*ei*ne
Et de sa tante Madel*ei*ne.
Elles s'entendent à merv*ei*lle,
L'une pas jeune et l'autre vi*ei*lle.
Boum ! boum !... Elles prêtent l'or*ei*lle...
Vite, elles ouvrent à grand'p*ei*ne,
Et de pitié leur âme est pl*ei*ne.

Sortant de sa blanche corb*ei*lle,
Le visage rouge-gros*ei*lle,
Fanfan sanglote à perdre hal*ei*ne,
En soufflant comme une bal*ei*ne.
« Fanfan, rien ne te sert de g*ein*dre
« Et garde-toi surtout d'ét*ein*dre
« Avec tes pleurs, mon feu, dit R*ei*ne,
« Car je fais du thé de verv*ei*ne. »
Oh ! ça, Fanfan, c'est de la v*ei*ne !

LOGOGRIPHE

Trouver, en excellent gâteau
Fait d'une pâte de friture :
La couleur de plus d'un manteau ;
L'habit d'hiver de la nature ;
Un mal qui vient dans les cheveux ;
Ce que fait un marmot hargneux.

MÉTAGRAMME I

Passant près du premier,
Vous tachez mon deuxième ;
Voulez-vous réparer ?
Usez de mon troisième.

MÉTAGRAMME II

Travaillez, prenez de la ⋆ *eine ;*
La femme du roi, c'est la ⋆ *eine ;*
Paris est bâti sur la ⋆ *eine ;*
Et le sang coule dans la ⋆ *eine ;*
Jamais ne serre à perdre ⋆ *aleine*
Ton joli corset à ⋆ *aleine.*

Solutions : *Log. : TENGIEB, EGIEB, EGIEN, ENGIET, TNIEG, etc. — Métag. ERUTNIEP, ERUTNIEC, ERUTNIET.*

ARITHMÉTIQUE EXTRAORDINAIRE.

Prendre certains mots de 7 lettres, en ôter 3. Reste? Rien... Soit la soustraction :

7 — 3 = rien.

Quels sont ces mots ?

CHARADE I

Mon second du mal est contraire;
Mon un n'est pas vêtu d'un brin;
Et mon tout aussi ne l'est guère,
Car l'équateur est son voisin.

II

Mon premier vaut moins d'un
Mon second vient [liard;
Après le mien;
Et mon tout, bâton du vieillard.

LOGOGRIPHE

Fils de Sparte, sur douze pieds;
Coupez : vieux; ville; fleuve;
[acteur;
Sujet turc; jardin enchanteur;
Pronom; ainsi soit-il; lacet.

Solutions. — *Arith. : NEIRUAV, NEIRPYC, NEIDRAG, etc. — Char. I : NEIB-UN. — II : NEIT-UOS. — Log. : NEINOMÉDÉCAL, NEICNA, NEDA, NEMÉIN, NEIDÉMOC, NEINODÉCAM, NEDE, NEIM, NEMA, NEIL.*

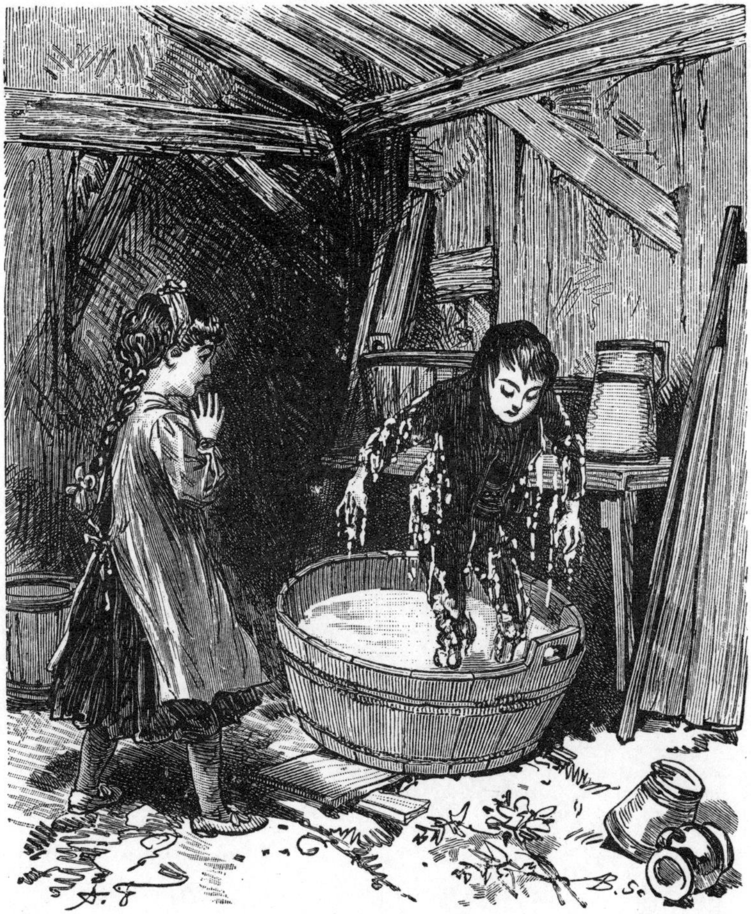

ADRIEN LE VAURIEN

Voyez-vous ce piteux mainti*en*?
C'est cette peste d'Adri*en*,
Ruisselant et diluvi*en* ;
Or, sa baignoire est bel et bi*en*
L'eau de chaux du pharmaci*en*
Dont il voulait blanchir le chi*en* !...
Vraiment, c'est le pire vauri*en*
Des petits gars europé*en*s
Comme des peuples mitoy*en*s.

Chipeur comme un bohémi*en*,
Sans avoir jamais l'air de ri*en*,
Il vous prend le ti*en* pour le si*en*. —
Farceur comme un Parisi*en*,
Quand deux personnes causent bi*en*,
Il interrompt leur entreti*en*,
En leur criant que loup vi*en*t. —
Quand, à l'auberge, un citoy*en*
S'attarde, Albert ou Juli*en*,
Avec des ruses d'Indi*en*,
Il s'en va couper le li*en*
De leur baudet qui s'en revi*en*t
Tout seul chez soi, sans son gardi*en*.

Bavard comme un comédi*en*,
Il plaît à Pierre, à Luci*en*,
Au jeune aussi bien qu'à l'anci*en* ;
Mais nul travail quotidi*en* !...
Le soleil au méridi*en*
Voit dormir ce paroissi*en*,
Frileux comme un Itali*en*.

Plus tard, il sera lycé*en*
Soit de Gi*en*, d'Ami*en*s ou d'Ag*en*,
Soit de quelque port vendé*en*,
Partout manquant chaque exam*en*..
De le corriger, pas moy*en*.
Sa sœur se désole : ô combi*en* !...
Hélas ! mes amis, quel vauri*en* !

Note : 1° **en** *se prononce* **ène** *dans amen, spécimen, abdomen, lichen, etc.* 2° **en** *se prononce* **in** *après* **i** *et* **y** *et dans agenda, appendice, Benjamin, benjoin, Bengale, examen, européen, lycéen, pensum, etc.*

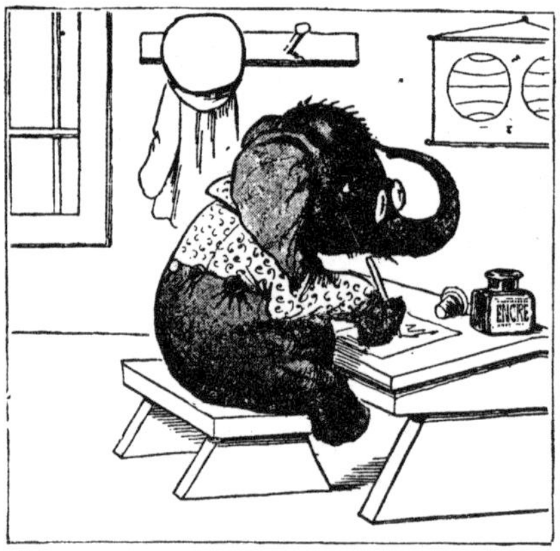

LOGOGRIPHE I

Six pieds, un voleur
Me prend fréquemment ;
Cinq, avec ardeur,
C'est moi qui reprends
Le voleur souvent.

MÉTAGRAMME I

Sur sept pieds : odeur;
Chef changé : trompeur;
Puis, manque d'ardeur.

DOUCHE D'ENCRE

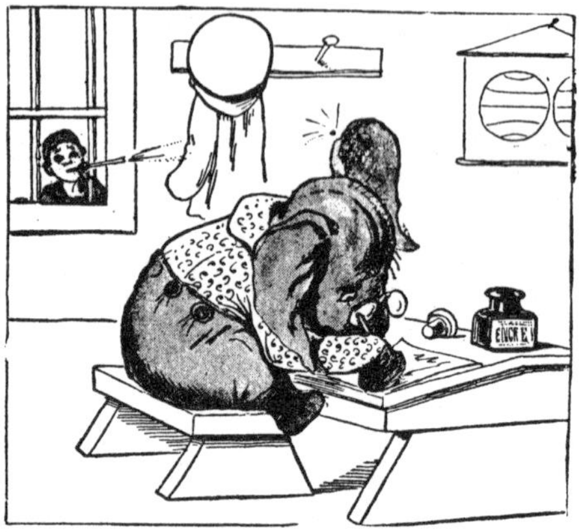

Écolier modèle en tous s*en*s
Et la crème des braves g*en*s,
Ce matin, le gros Val*en*tin,
Avec peine achevait *en*fin
Une analyse *en*chevêtrée,
De difficultés *en*combrée.

Mais, voici venir maître H*en*ri
Sot et paresseux *en*durci
Quoiqu'il ait des façons g*en*tilles ;
Il bombarde (en grain de l*en*tilles
Et de pois) Val*en*tin p*en*sif,
Au travail toujours att*en*tif

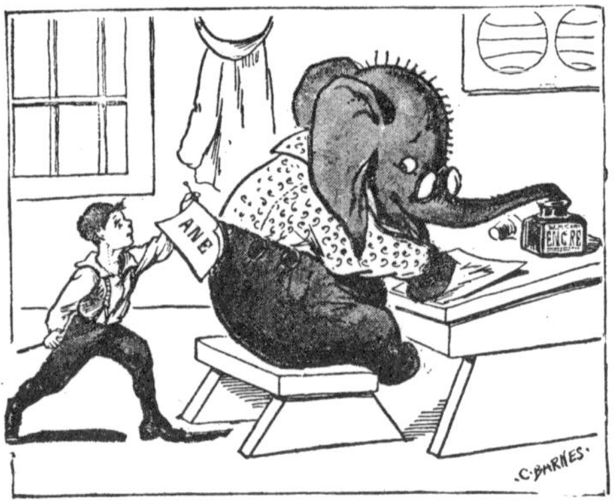

L'*en*torse
L'*en*flure
Le m*en*ton
Le d*en*tiste
La p*en*dule
La p*en*sion
L'*en*gelure
La s*en*tinelle
La f*en*te
La perv*en*che

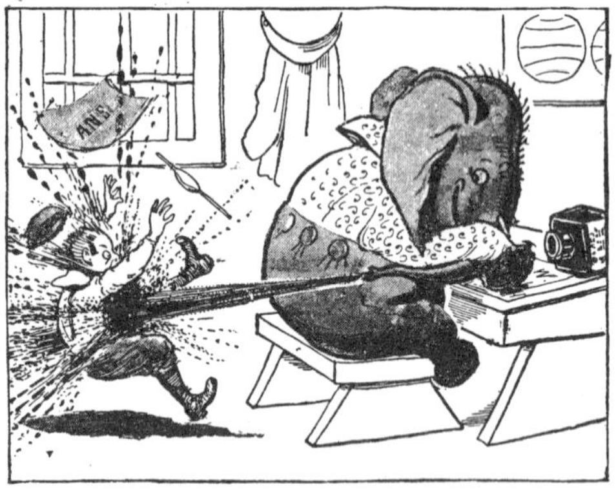

« Quel lourdaud ! est-il *en*gourdi ?
« P*en*se H*en*ri, peut-être *en*dormi ?
« Et puis, saurait-il se déf*en*dre ?
« Eh bien, il va voir sans att*en*dre
« Que j'ai malices à rev*en*dre! »

Val*en*tin, en son *en*crier,
Paraît occupé tout *en*tier,
Sans rien s*en*tir, ni rien *en*t*en*dre...
Tout à coup, quelle douche d'*en*cre !...
Tel est surpris qui croit surpr*en*dre.

MÉTAGRAMME II

Reste de braise et brindille ;
Le mari de votre fille ;
Ce qu'est le pain qu'on mordille ;
Le contraire d'acheter ;
Et celui d'accaparer ;
Flotter au bout d'une attache ;
Enfin couper à la hache.

CHARADE I

Beau cocher, sur mon premier,
Ralentis à mon dernier,
Si tu veux que ton entier
Arrive en bas bien entier.

LOGOGRIPHE II

En passementerie :
Contraire de sortie ;
Revenu ; condiment ;
Chemin ; mesure agraire ;
De vérité contraire ;
Cadeau ; lien du sang ,
Complet ; parmi ; penchant ;
Revers ; promesse ; ville ;
Fleur ; bois du cep ; reptile ;
Bout du pain ; amasser ;
Dire faux et flairer ;
Réfléchir et greffer.

CHARADE II

Un, du marchand fait l'aubaine ;
Deux, vient 7 fois la semaine ;
Tout, un seul jour s'y promène.

III

Par un, baleine va crachant ;
Par deux, gigot va s'embaumant ;
Par le tout, on va s'aérant.

IV

A mon premier qu'on offense ;
Mon second sert de défense
Mon tout fait un bien immense
En tisane, sans dépense.

Solutions. — *Log. : TNEGRA, TNEGA. — II. EIRETNEMESSAP, EÉRTNE, ETNER, TNEMIP, REITNES, TNEPRA, EIRETNEM, TNESÉRP, ÉTNERAP, REITNE, ERTNE, ETNEP, TNEMERAP, TNEMRES, SNES, EÉSNEP, TNEMRAS, TNEPRES, EMATNE, RESSATNE, RITNEM, RITNES, RESNEP, RETNE. — Mét. : I. RUETNES, RUETNEM, RUETNEL. — II. ERDNEC, ERDNEG, ERDNET, ERDNEV, ERDNER, ERDNEP, ERDNEF. — Charades : I. ETENP-RAHC. — II. ID-ERDNEV. III. LIATNEVÉ. — IV. TNED-NEIHC.*

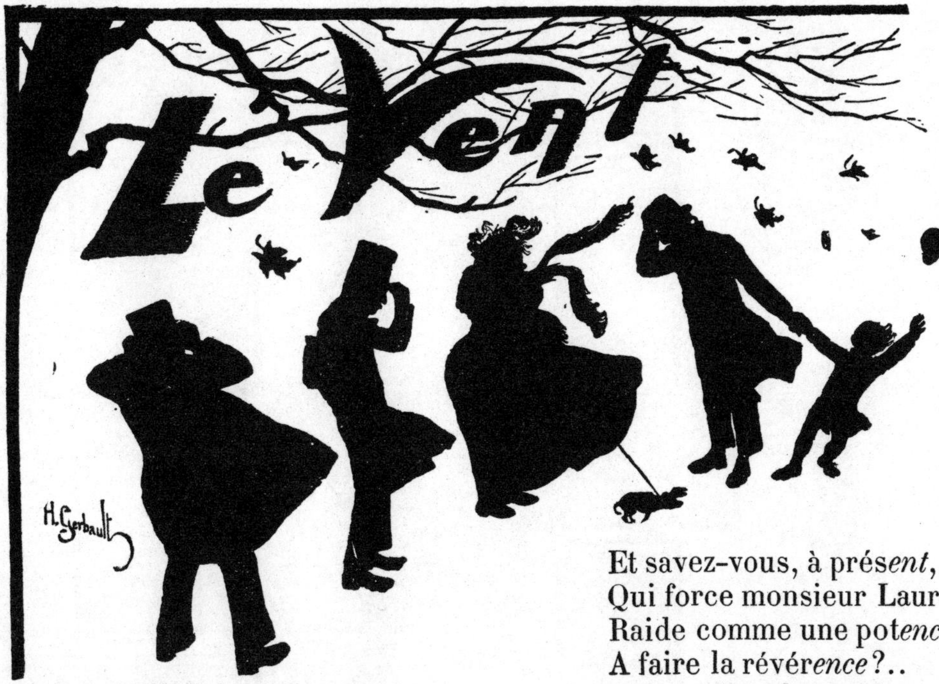

Le règlem*ent*
La néglig*ence*
La sent*ence*
La pénit*ence*
Le châtim*ent*
La pati*ence*
La préfér*ence*
L'alim*ent*
Le from*ent*
La sem*ence*
Le cim*ent*
Le bâtim*ent*
Le monum*ent*

Ah! vous dirai-je vraim*ent*
Ce qui cause le tourm*ent*
Du bon peuple de Val*ence*,
Entre Savoie et Prov*ence*?...
C'est le v*ent* !

Quand le premier présid*ent*,
Et l'avocat de tal*ent*
Vont d'urg*ence* à l'audi*ence*,
Qui souffle, avec insol*ence* ?...
C'est le v*ent*!

Qui fait, d'un air innoc*ent*,
Tortiller comme un serp*ent*
Le long boa de Flor*ence*,
Et japper son chien Prud*ence* ?...
C'est le v*ent* !

Lorsque le petit Clém*ent*,
De son chapeau tristem*ent*
Constate la turbul*ence*,
Qui redouble en viol*ence* ?...
C'est le v*ent* !

Qui pourchasse en ce mom*ent*
Ce couple et ce beau serg*ent*,
Et de débris en dém*ence*
Menace leur exist*ence*?...
C'est le v*ent*!

Et savez-vous, à prés*ent*,
Qui force monsieur Laur*ent*,
Raide comme une pot*ence*,
A faire la révér*ence*?..
C'est le v*ent*!

Enfin, sous le firmam*ent*
Semé d'étoiles d'arg*ent*,
Qui ne fait jamais sil*ence*
Lorsqu'on s'*en*dort à Val*ence*?...
C'est le v*ent* !

MÉTAGRAMME

Avec sept pieds, bravement,
Je parade au régiment.
Changez mon cœur seulement,
Je suis reptile à présent.

TNEGRES, TNEPRES

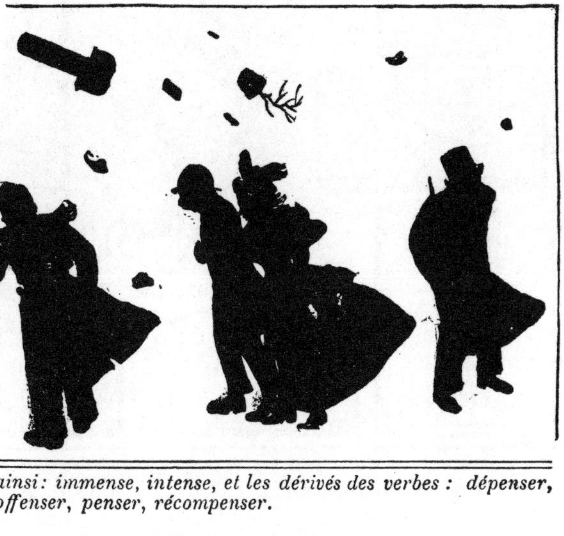

Note : 1° **ent** = *terminaison de tous les adverbes de manière.— 2° Quelques rares mots ont la terminaison* **ense**, *ainsi: immense, intense, et les dérivés des verbes : dépenser, offenser, penser, récompenser.*

DOMINOS CONSONNES DOUBLES

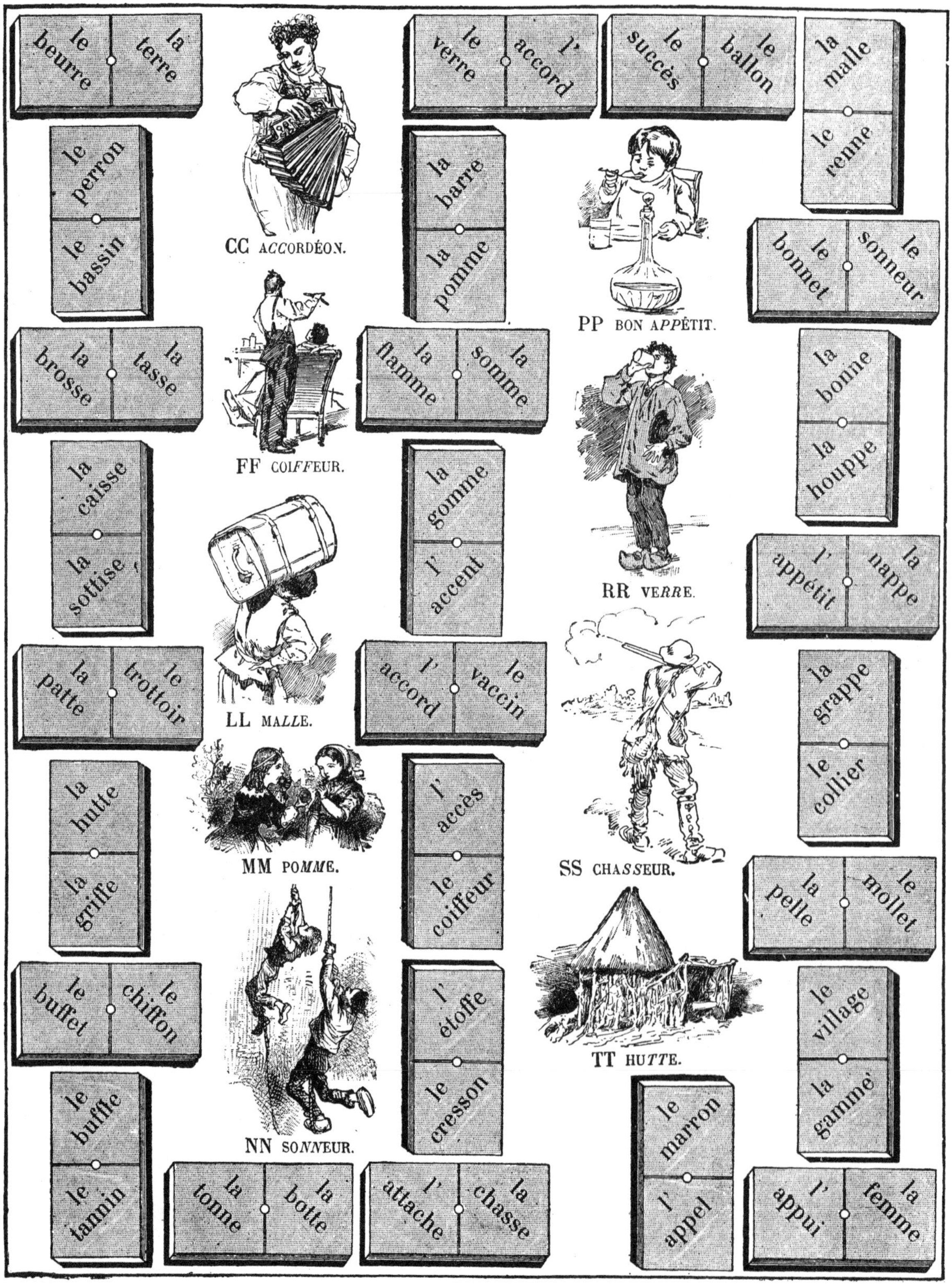

Préparer des dominos en carton comme ci-dessus, puis jouer suivant les règles ordinaires.

La famille Le Joufflu,
Esprit court et peu touffu,
Depuis fort longtemps diffère
Un grand voyage d'affaire :
Au nord, chez un raffineur,
Au midi, chez un coiffeur,
A l'est, chez un officier,
A l'ouest, chez un greffier...
Partir seul serait affreux
Pour un cœur affectueux,
Et plein d'affabilité ;
Partir tous, difficulté...

Pourtant, il faut s'affermir ;
A trois, on doit moins souffrir,
Et, par un jour plein d'effroi,
Quand l'heure sonne au beffroi,
A la gare, à bout de souffle,
Les voilà... Hélas, quel gouffre !
— « Passons d'abord au buffet »,
Dit le bon père. En effet,
Ils sont tous très affamés,
Et par la course assoiffés !

Puis ils vont lire l'affiche
Qui fait bien mal son office.....
Il faut être un escogriffe,
Vraiment, pour voir un seul chiffre.
Et partout quelle affluence !
Et quel air d'indifférence !
Quelle foule effarouchante !
Offuscante, offensante !
Etouffante, affligeante !
Echauffée, efflanquée !
Effrontée, effarée !
Suffoquée, affolée !

Comme aucun portefaix n'offre
De prêter un peu son coffre,
On prend chaise insuffisante,
Avec grimpade effrayante
Et risque d'effondrement
Ou du moins d'affaissement...

Monsieur, soufflant comme un buffle,
Dit : « Je vois ! » Las ! le train siffle...
C'est le bon ! Maudite affiche !
« Rentrons ! » dit, ébouriffée,
La famille rebiffée.

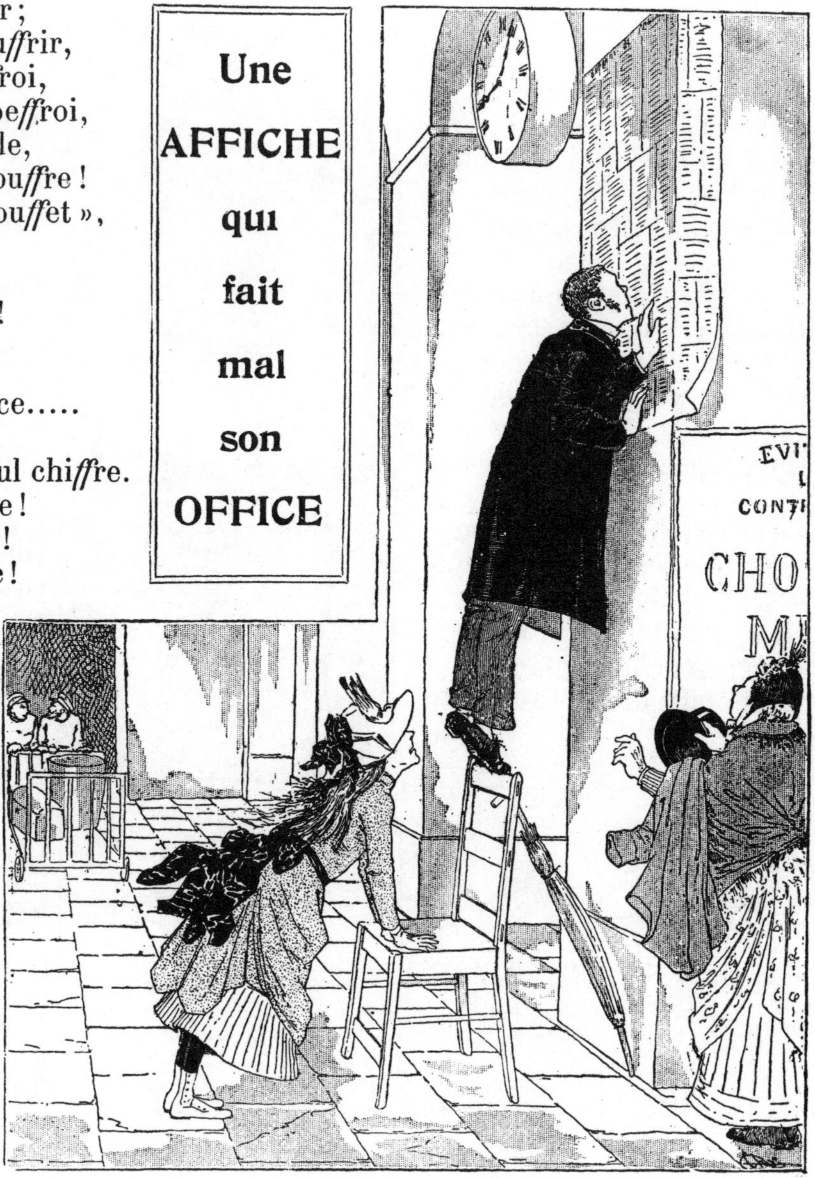

Une AFFICHE qui fait mal son OFFICE

MÉTAGRAMME

Par E l'on change arbre et
Par I Minet égratigne. [vigne;

LOGOGRIPHE

Découvrir chez un officier :
Un fin vêtement pour la tête ;
Puis, le métier du perruquier ;
Où le banquier met sa recette ;
Où se fait l'apprêt d'un festin ;
Proposition : peur enfin.

Solutions : *Métag. : EFFERG, EFFIRG. — Log. : REICIFFO, EFFIOC, REFFIOC, ERFFOC, ECIFFO, ERFFO, IORFFE.*

= G Final — et — G — pour — J =

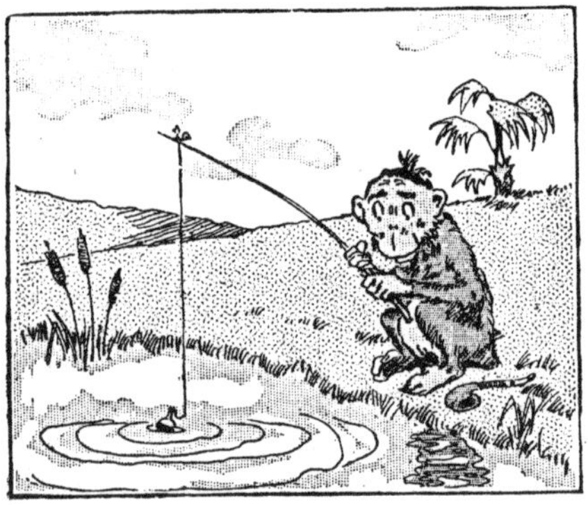

Le coup de poin*g*
La *g*elée de coin*g*
Le lon*g* haren*g*
Le faubour*g*
La san*g*sue
Le vin*g*tième élève
Le petit doi*g*t

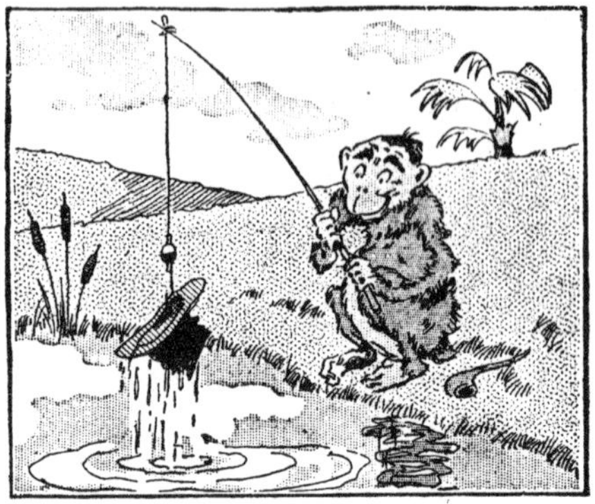

PÊCHE DE SINGE

Un jour, au bord d'un étan*g*,
Un petit oran*g*-outan*g*,
Tranquille comme une ima*g*e,
Pêchait assis sur la pla*g*e.
Hélas ! hélas ! rien ne bou*g*e.
De froid il prend le nez rou*g*e
Et même mal à la gor*g*e :
Il faudra du sirop d'or*g*e.

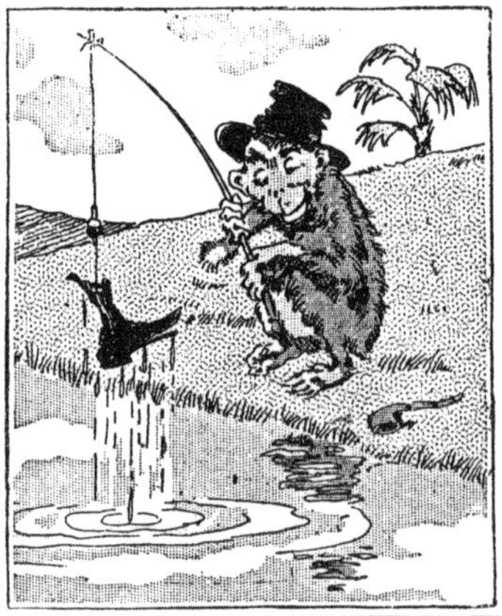

Il demeure donc son*g*eur
Dans un désespoir ron*g*eur...
Soudain, il reprend coura*g*e :
Poisson passe en lé*g*ion !
La ligne fait un plon*g*eon...
Un chapeau vient au riva*g*e.

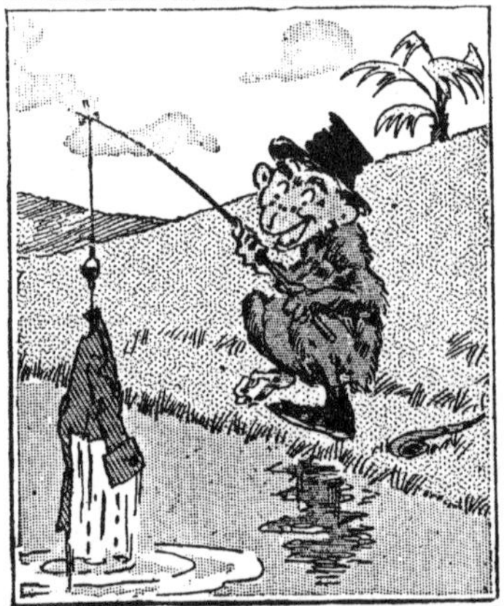

— « Ah ! dit-il, avec élo*g*e,
« Ma tête fort bien s'y lo*g*e....
« Vite, pêchons davanta*g*e ! »
Un soulier vient à la na*g*e
Bien accroché par la ti*g*e.
« Ah ! fait oran*g*, quel pro-
[di*g*e !

« Oui, bien sûr, cela m'arran*g*e,
« Ce beau soulier de rechan*g*e.
« Car je commence à rou*g*ir
« De voir mon pied s'élar*g*ir. »
Après, voilà que surna*g*e
Vieille veste ou vieux corsa*g*e.
— « Bravo, fait le petit sin*g*e,
« Je manquais juste de lin*g*e. »

Enfin, voici sur la ber*g*e,
Un gros vieux riflard de ser*g*e,
Il fut jadis rou*g*e-san*g*,
Et tiendra fort bien son ran*g*.
— « Bravo ! contre le délu*g*e
« J'ai maintenant un refu*g*e !

L'appétit vient en man*g*eant,
Dit-on ; non ! pas exi*g*eant,
Oran*g* prend tout son baga*g*e,
Et ravi rentre au villa*g*e,
Pensant : « On dirait un son*g*e,
Son*g*e qui n'est pas men-
[son*g*e ! »

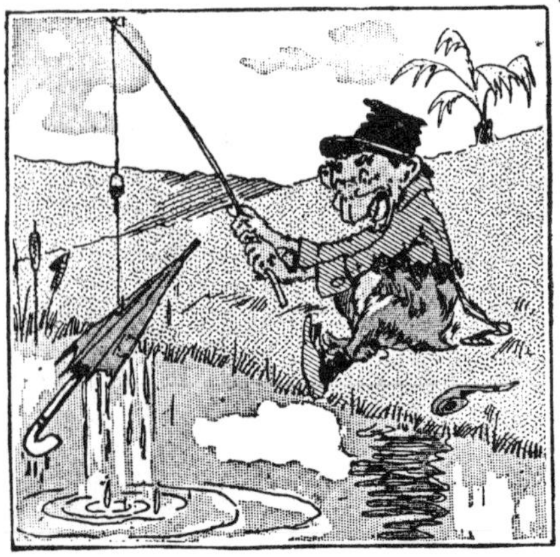

MÉTAGRAMME

D'abord, fruit bon en gelée;
Change mon chef : main
[fermée.

LOGOGRIPHE

Sept pieds, légume estimé;
Six pieds, accord égrené;
Cinq, etoffe bien fournie;
Quatre, horrible maladie;
Valet; homme de bon sens;
Trois, le compte de tes ans.

Solutions. — *Mét. : GNIOC, GNIOP.* — *Log. : EGREPSA, EGÈPRA, EGRES, EGAR, EGAP, EGAS, EGA.*

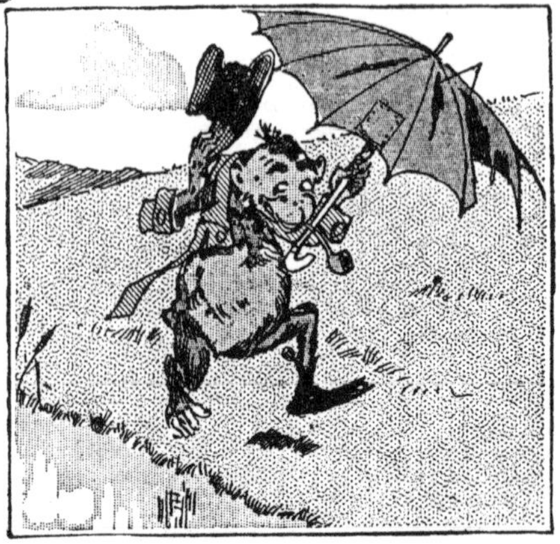

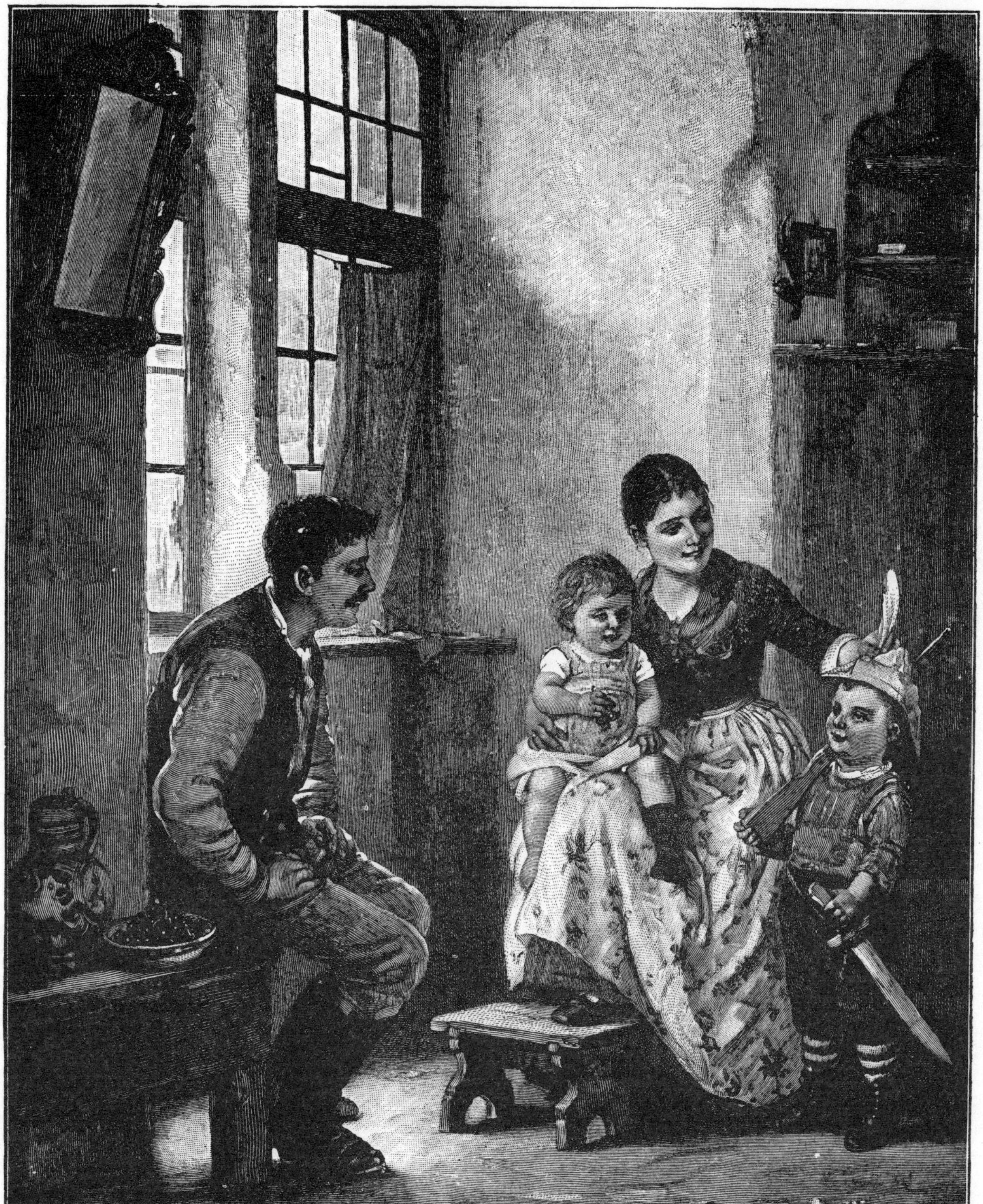

GENDARME ou GÉNÉRAL

*G*EOR*G*ET SE RENGOR*G*E ; CHAPEAU DE *G*ENDARME, SABRE ET FUSIL *G*IGANTESQUES... PAS DE *G*IBERNE, CELA CHAR*G*E... IL S'IMA*G*INE ÊTRE LE BRIGADIER DU VILLA*G*E, OU MÊME LE *G*ÉNÉRAL DU RÉ*G*IMENT VOISIN ?... MAMAN *G*ÉNÉREUSE, A L'OBLI*G*EANCE D'OFFRIR UNE PLUME DE PI*G*EON BLANC ; ET *G*EOR*G*ET, ROUGE DE PLAISIR, DIRA *G*ENTIMENT : MERCI.

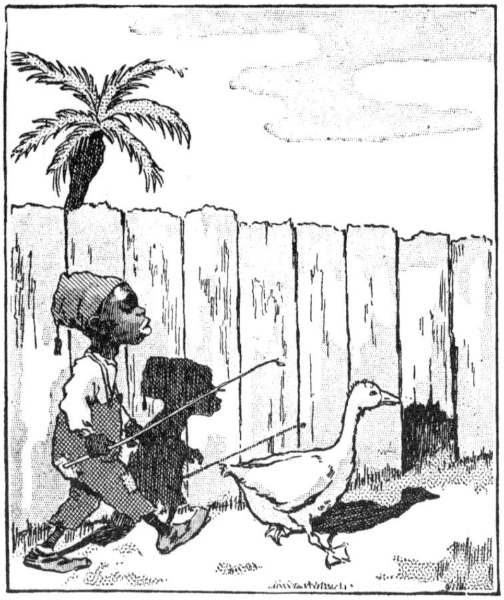

L'éc*h*o
Le c*h*aos
L'*h*uile
Le t*h*on
L'*h*ameçon
Le t*h*é
L'absint*h*e
La r*h*ubarbe
Le da*h*lia
Le t*h*ème
L'ist*h*me
L'*h*élice
L'*h*ymne

AU SAHARA

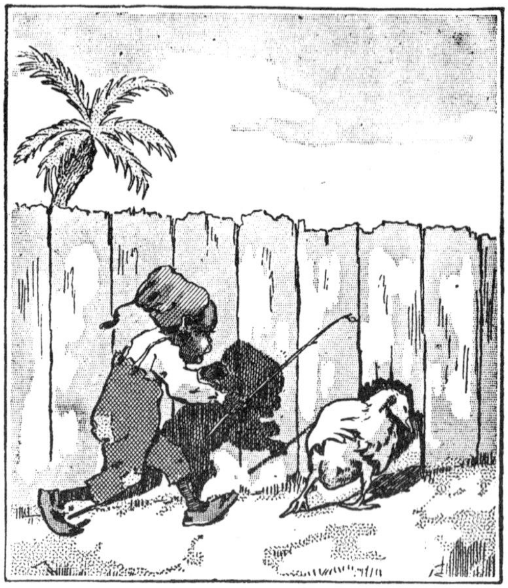

Jabotant fort, sans *h*armonie,
Voici venir Dame *H*erminie,
Une jeune oie au blanc *h*abit,
Que son nègre suit éba*h*i.
Elle a pris son clos en *h*orreur,
Et, tout à coup de belle *h*umeur,
Croit ce trou fait en son *h*onneur.
— « Un portail ! quelle *h*onnêteté !
« Partons ! je l'ai tant sou*h*aité, »
Proclame son bec enr*h*umé ;
« L'Afrique est terre *h*ospitalière :
« Je ne crains *h*yène, ni pant*h*ère.
« *H*ippopo, ni r*h*inocéros,
« Ni vieux garde champêtre *h*ostile,
« Ni petit chasseur mal*h*abile… »
Ajoute-t-elle avec pat*h*os ;
« Allons, T*h*omas ! » Mine a*h*urie,
L'autre suit avec bon*h*omie.
Mais l'Autruche du Sa*h*ara
Paraît soudain, disant : « *H*olà ! »
L'oison s'enfuit, laissant T*h*omas,
Qui se pâme en criant : « *H*élas ! »

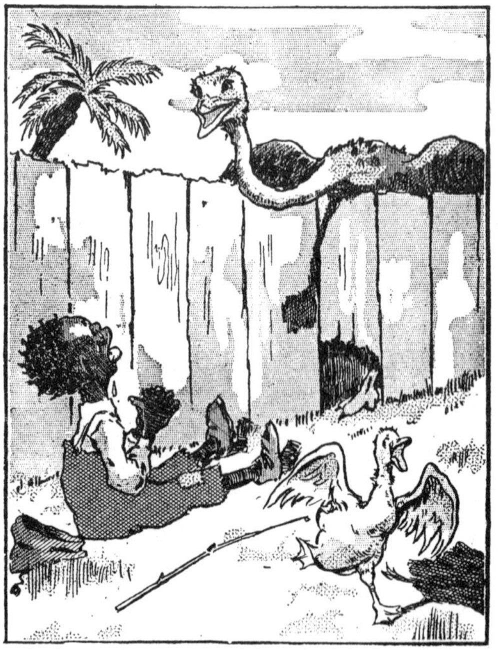

Écroulé sur le sol *h*erbeux…
Il meurt de peur, le mal*h*eureux !

LOGOGRIPHE I
D'abord contraire de l'été;
Puis de demain, mon cœur ôté.

II
Mon enfant, dans l'arithmétique
On découvre tout, tu vas voir :
Voici la scène dramatique;
Nom féminin; certain devoir;
Mollusque; sorte d'eau-de-vie;
Mesure du temps; maladie, etc.

III
Avec six pieds, j'avoue.
Une triste chambrette;
Avec cinq, je secoue
Omnibus et charrette.

ANAGRAMME
J'arrose d'Avignon
La poussiéreuse plaine ;
Mêlez : je suis oison
Raillé par La Fontaine.

LOG. IV
Retrouver dans une résine :
Roi de France et son féminin;
Couleur dont parfois on se teint;
Reine filant la laine fine;
La tisane qui vient de Chine;
Et son pot; petit végétal;
Façon de parler du cheval;
Un synonyme de stupide;
Remède; enfin fleuve rapide

LES HIRONDELLES

Le t*h*ermomètre monte ; il y a déjà des jacint*h*es, des *h*épatiques ; et d'*h*umbles *h*erbes, la ment*h*e, le t*h*ym, préparent leurs fleurs pour nourrir les insectes.

Les *h*irondelles devinent tout cela, et, sans appré*h*ension, les voilà à l'*h*orizon.

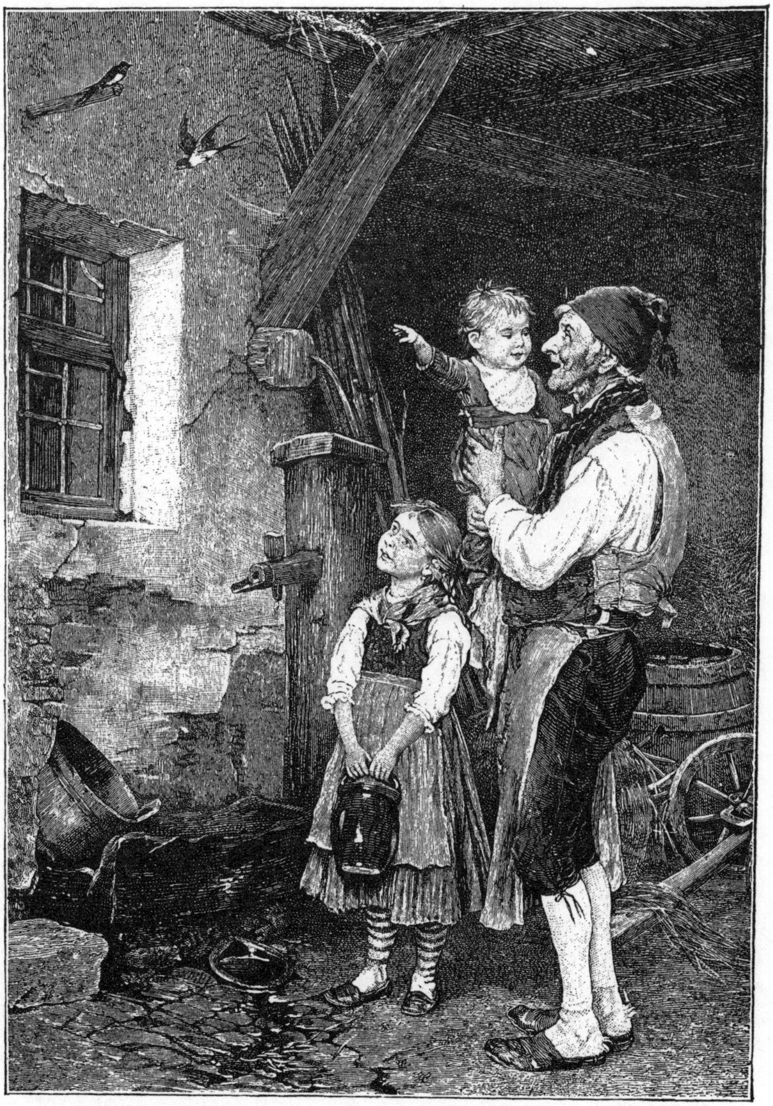

« Quel bon*h*eur ! dit Cat*h*erine : les *h*irondelles ! donc plus d'*h*iver : *h*ier, pas une, aujourd'*h*ui, il y en a partout. »

Plusieurs tournent autour de l'*h*orloge de la cat*h*édrale comme pour voir l'*h*eure, mais en voilà deux venues sans *h*ésitation chez le père *H*ubert où elles *h*abitent depuis longtemps, comme si sa maison était leur *h*éritage de mère en fille. Cat*h*erine, qui a *h*uit ans, les y a toujours vues.

Le vieux *h*omme dit : « Elles ont l'*h*abitude de loger sous notre toit : c'est leur *h*ôtellerie », et le petit Art*h*ur répète à perdre *h*aleine : « *H*irondelles, *h*irondelles ! » — Par mal*h*eur, le grand-père a du r*h*ume et de l'ast*h*me et il faut bientôt rentrer, car l'air devient *h*umide.

Solutions de page 28 : *Log. I. REVIH, REIH. — II. EUQITÉMHTIRA, ERTAÉHT, EHTRAM, EMÈHT, ERTIUH, MUHR, ERUEH, EMUHR — III. TOHCAC, TOHAC Anag : ENOHR, NORÉH. — Log. IV. ENIHTNEBÉRÉT, IRNEH, ETTEIRNEH, ÉNNEH, EHTREB, ÉHT, ERÈIÉHT, EBREH, RINNEH, ÉTÉBÉH, REHTÉ, NIHR.*

LOTO MÉTAGRAMME

le bain	le gain		la main	le nain	le pain
le faon		le paon	le taon		Laon ville
	la lie	la mie	la pie	la vie	
le jabot	le rabot	le sabot			

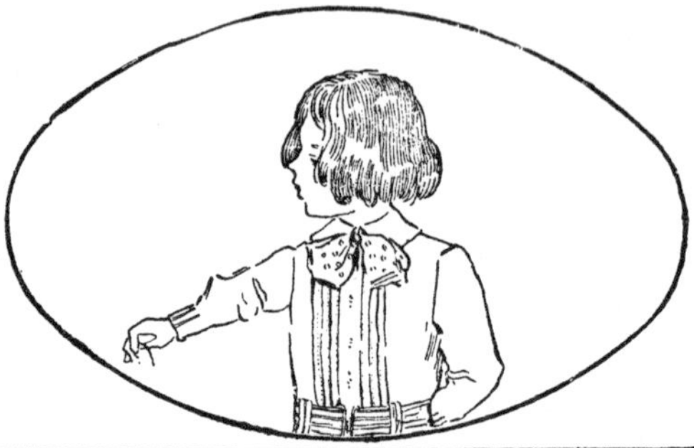

		la sauce	la sauge		le saule
	le bas	le cas	le pas	le tas	
le baquet		le caquet		le paquet	le taquet
le fort	la mort		le port	le sort	le tort

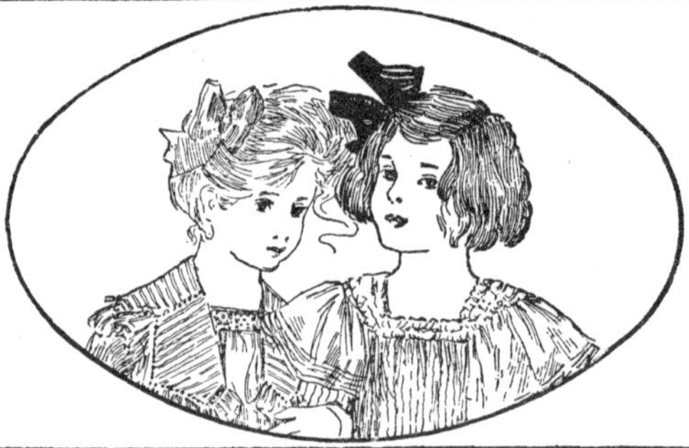

la fente	la pente		la rente	la tente	la vente
		la peau	le seau		le veau
le foie	la joie		la soie	la voie	
l' aile	une aire	l' aide			

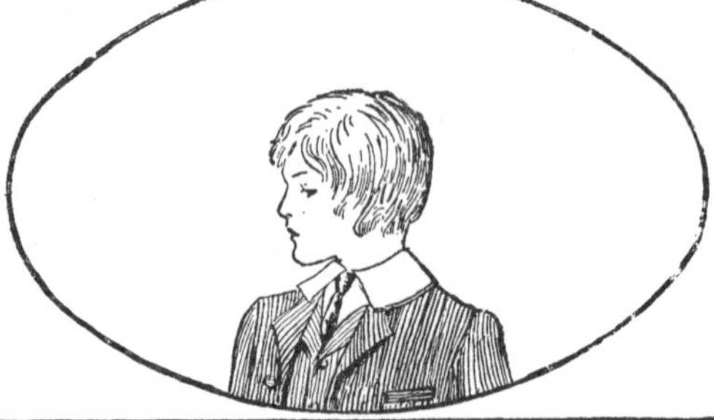

		l' aube	l' auge		l' aune
la mue	la nue		la rue	la vue	
	le bois	une fois		le mois	le pois
la cage		le gage	la nage	la page	la rage

Préparer des cartons comme ci-dessus et des jetons portant les mêmes mots. Mettre ceux-ci en sac et les tirer pour jouer exactement comme au loto.

Mais s'il y avait plus de quatre joueurs, voici le moyen bien simple d'augmenter le nombre des cartons et des jetons : Préparer des cases comme ci-dessus, puis les remplir comme nos modèles avec des lignes de 3, 4 ou 5 mots, pris parmi les métagrammes qui figurent ici ou là dans nos autres pages.

DO - MI - SOL !

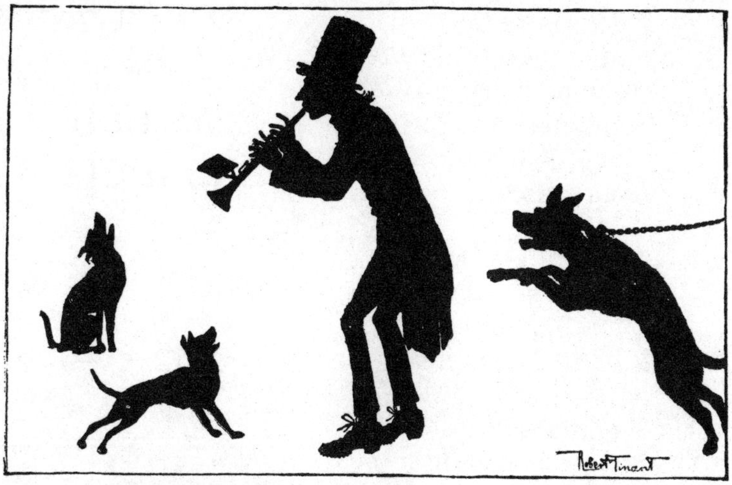

D'un long cou hors du faux-co*l*
La musique prend son vo*l* :
Do ré mi ré mi fa so*l*....
Hélas! quel signa*l* fata*l*,
Quel concert de carnava*l*!
Sans mesure et sans calcu*l*,
Le gros dogue du consu*l*
Tout en dansant comme au ba*l*,
Étranglé par son lico*l*,
Hurle un air tout en bémo*l*.

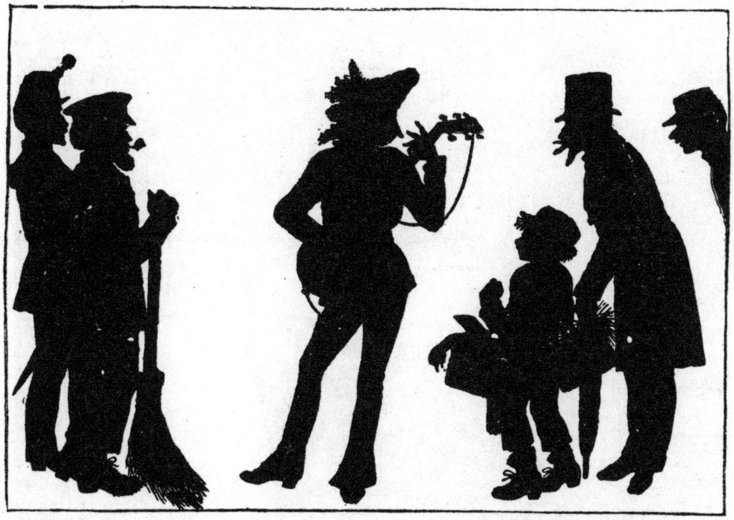

A l'ombre d'un grand tilleu*l*,
Qu'il ait foule ou qu'il soit seu*l*,
Voici le jeune Espagno*l*
Chantant comme un rossigno*l*;
Le doigt tendu, l'air viri*l*,
Il joue un refrain d'exi*l*
Qui ravit tout, colone*l*,
Soldat et portier d'hôte*l*,
(Un colone*l* en civi*l*
A moustache poivre et se*l*).
Et puis, voici le profi*l*
De l'agent municipa*l*
Qui veut voir tant bien que ma*l*.

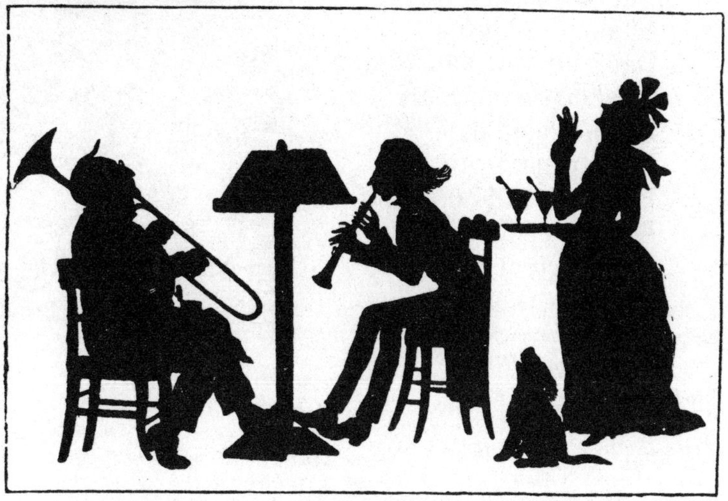

L'œil en feu, sous le sourci*l*,
Le duo prend son outi*l* :
Le bugle sort du couti*l*,
Le fifre, tel un fusi*l*,
Malgré son caquet genti*l*,
Trouble Azor en son cheni*l*.
« Bis ! » fait dame Beau-Persi*l*,
Sortant le rhum du bari*l*
Et les biscuits du fourni*l*.

MÉTAGRAMME

Je suis un immense cours d'eau
Qui traverse l'Égypte entière;
Puis d'oiseau graine nourricière;
Puis abri d'œil contre poussière;
Enfin sans moi la couturière
Ne coudrait robe ni manteau.

LOGOGRIPHE I

Quatre pieds : solitaire;
Trois : saveur de la [terre.

II

Cinq lettres, mois où tout pousse.
Quatre, en fer ruban très long
Trois pieds, odorante gousse;
Et deux, tout petit prônom.

Solutions. — *Mét.* : LIN, LIM, LIC, LIF. — *Log.* : I. LUES, LES. — II LIRVA, LIAR, LIA, LI.

LA MALLE D'ISABELLE

Petite Isabe*ll*e
Fait aujourd'hui ce*ll*e
Qu'une affaire appe*ll*e
Soudain à la vi*ll*e
(A Paris ou Li*ll*e),
Avec sa fami*ll*e.

Alerte et genti*ll*e,
Dans la grande sa*ll*e
Cherchant une ma*ll*e,
Elle dit : « Laque*ll*e
Assez grande et be*ll*e
Tiendra sans quere*ll*e
Mainte bagate*ll*e :
Mes gants, mon ombre*ll*e,
Ma robe en dente*ll*e,
Puis mon seau, ma pe*ll*e ;
Puis ma fille Este*ll*e
Et sa sœur jume*ll*e,
Ma fille Sybi*ll*e ;
Bien douce et tranqui*ll*e,
Cette demoise*ll*e
De grande cerve*ll*e
Parle a*ll*ègrement
L'anglais, l'a*ll*emand...

Voyons, insta*ll*ons
Leurs lits ; emba*ll*ons
Leur fine vaisse*ll*e :
Puis Polichine*ll*e
Et son dos ca*ll*eux
Dans un coin moe*ll*eux :
Quel être exce*ll*ent !
Éterne*ll*ement,
Dessous sa brete*ll*e
Et son grand co*ll*et
De soie et flane*ll*e,
Bat un cœur mo*ll*et...
Et ma grosse ba*ll*e ?...

Non ! pas une ma*ll*e
Dans toute la sa*ll*e
D'assez grande tai*ll*e...
Donc, plus d'emba*ll*age...
Ma chère marmai*ll*e
Restons au vi*ll*age
Mère de fami*ll*e
Est mieux là qu'en vi*ll*e. »

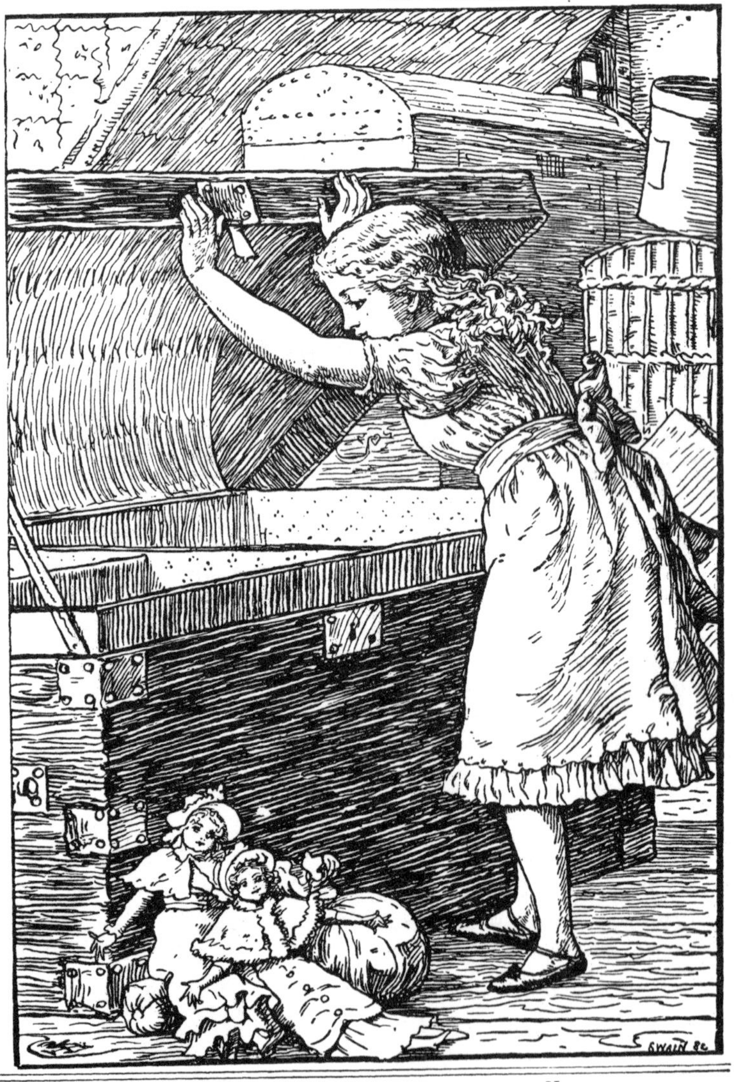

MÉTAGRAMME I

Étoffe vaporeuse ;
Puis, sphère voyageuse
Faite d'eau savonneuse.

II

Par V je vois la montagne
D'en bas ; mais par B je plane
Et vois d'en haut la montagne.

LOGOGRIPHE I

Prendre en villageoise :
Beaucoup de maisons,
Ou peu ; creux des monts ;
Noix ; maison bourgeoise ;
Barque ; acteur forain ;
Chambre ; chemin ; saint ;
Siège sur bourrique ;
Sorte de musique, etc.

II

Tirer d'un air de musique :
Bâtisse ; outil des maçons ;
Cep ; chemin entre maisons ;
Crasse au fer que nul n'astique ;
Pâte molle ; fleur des blés ;
Ville et tissu ; sons tremblés ;
Deux adjectifs féminins ;
Un pronom enfin, etc.

Sol. — *Mét. I : ELLUT, ELLUB. — II : NOLLAV, NOLLAB. — Log. I : ELLIV, EGALLIV, EÉLLAV, ELLAG, ALLIV, EGÈLLA, ELLIG, ELLAS, EÉLLA, SELLIG, ELLES, ELLEIV. — II : ELLENRUOTIR, ELLERUOT, ELLEURT, ELLIERT, ELLEUR, ELLIUOR, ELLIUON, ELLEIN, ELLUT, ELLUT, ELLIRT, ELLUN, ELLET, ELLE*

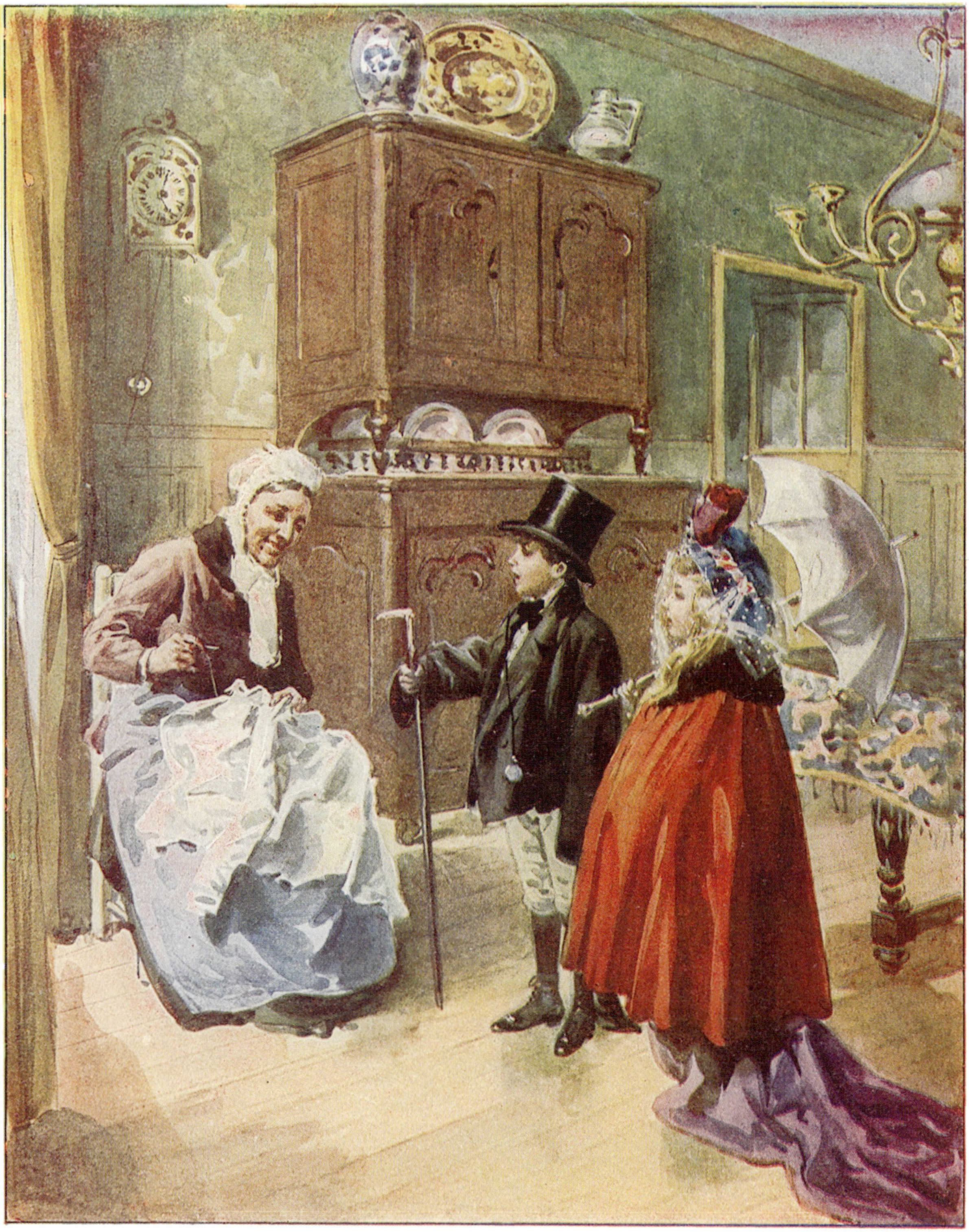

MA FEMME ET MOI

— « Chère nounou, voici ma femme !
« C'était ma sœur, précédemment,
« Mais nous pensames prudemment
« A nous marier récemment,
« Car nos parents sont fréquemment

E
pour
A

« En voyage, et conséquemment
« Il nous faut intelligemment
« Les remplacer apparemment. »
Nounou répond éloquemment :
— « Oui, mes enfants, évidemment ! »

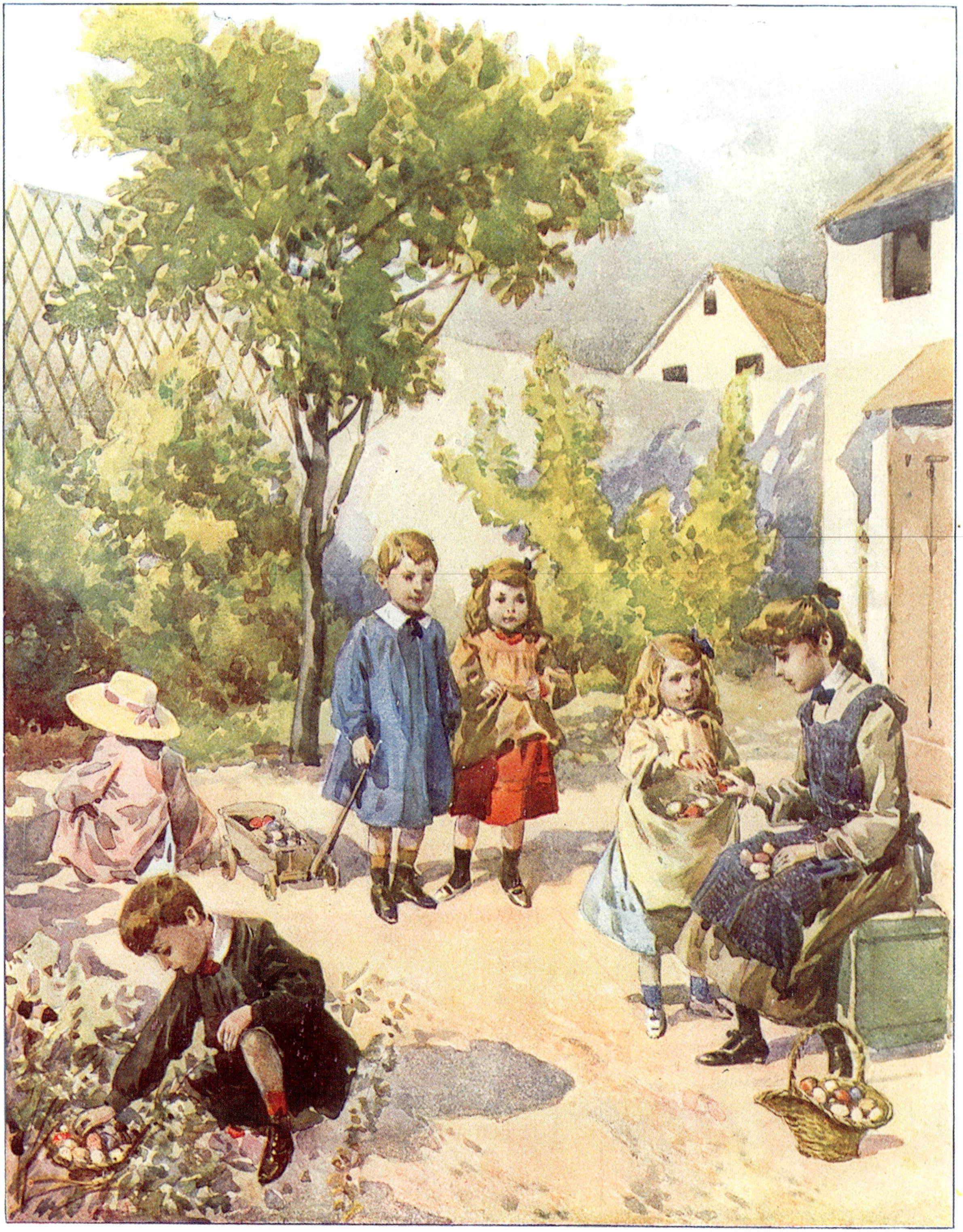

LES ŒUFS DE PAQUES

Un œuf ! .. Un œuf !... Encore un œuf !...
Le char est plein !... Fort comme un bœuf,
André le traine et le manœuvre ;
Ruth serre sa main comme un nœud
Autour d'un œuf vert, — un chef-d'œuvre !

Œu pour Eu

Bravo ! répètent-ils en chœur,
Et, rejoignant la grande sœur,
Chaque marmot, de tout son cœur,
Vient, désirant de tous ses vœux
Que chaque poule ait de tels œufs !

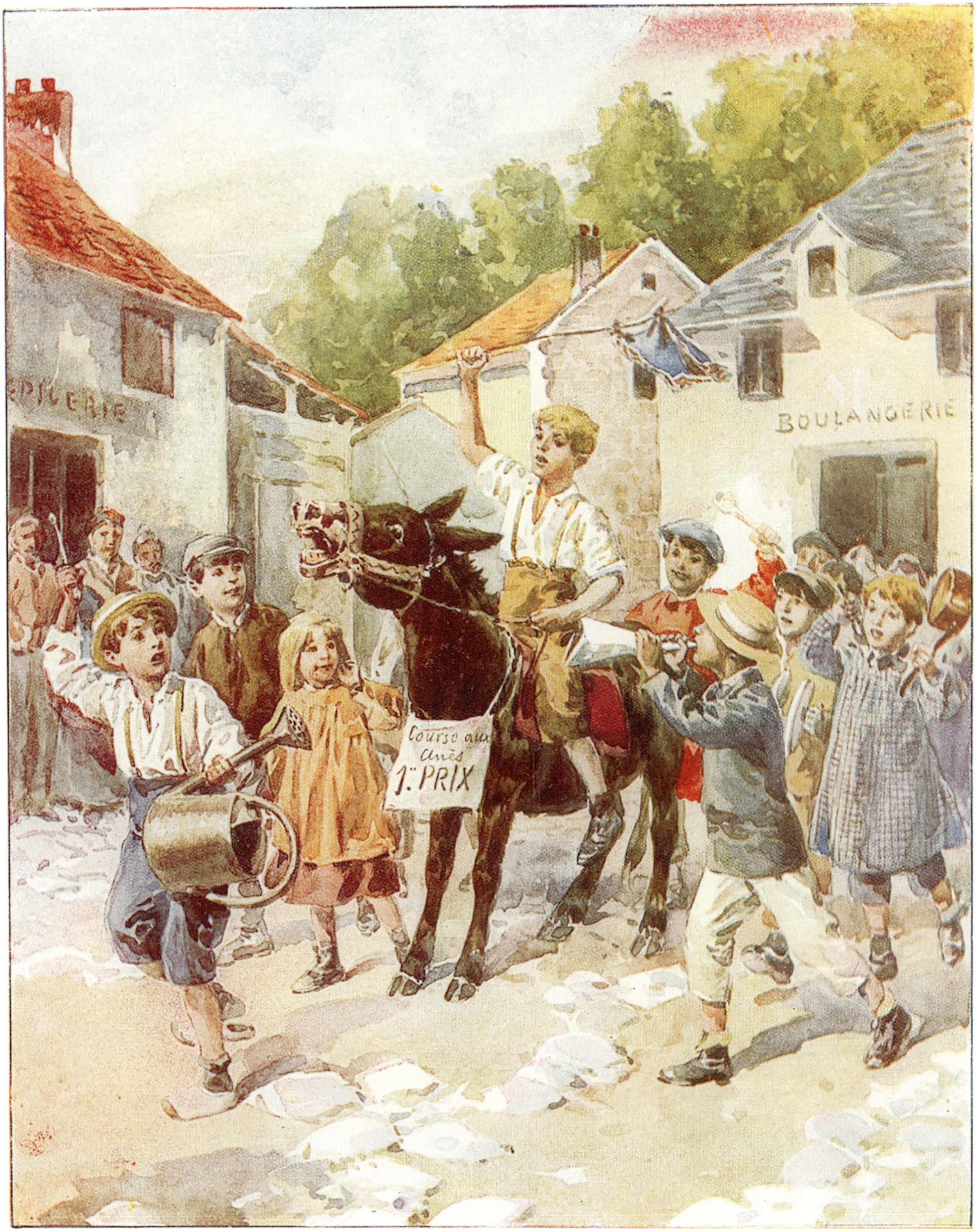

BON ACCUEIL

Le vainqueur des courses d'Arc*ueil*
Rentre au hameau de Montorg*ueil*.
Maître et baudet sont pleins d'org*ueil*…
La musique, c'était l'éc*ueil*,
Mais, fer-blanc partout rec*ueil*li

**UEIL
pour
EUIL**

Fait vacarme, et bois frais c*ueil*li,
Avec un mouchoir fait drapeau,
Chacun trouve cela très beau…
Ils ont raison, à Montorg*ueil* :
L'important, c'est le bon acc*ueil*

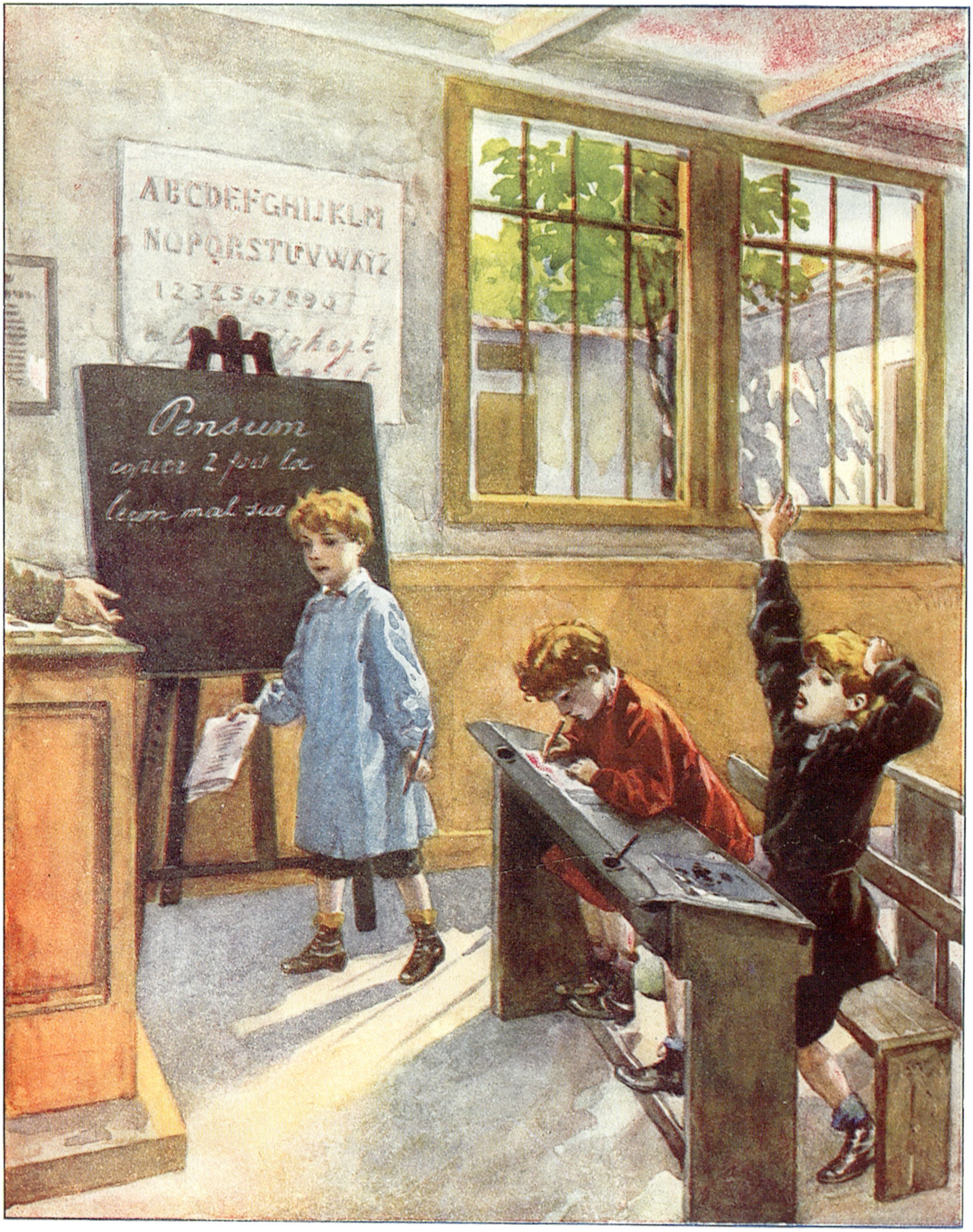

LE PENSUM

UM
pour
OM

En voila trois pour le pens*um*...
Le vieux maitre, avec décor*um*,
Les surveille et les encourage ;
Ils ont tous eu le minim*um* ;
Mais, soignant jusqu'au post-script*um*,
Deux d'entre eux reviendront, je gage,
Prochainement au maxim*um*.

Seul Paul flane, baille, s'étire,
Dessine un fumeur d'opi*um*,
En casaque gérani*um*,
Vu l'autre jour au musé*um*...
A la fin, comme ultimat*um*,
Le maitre dit : « Il faut écrire,
Ou je confisque votre alb*um*. »

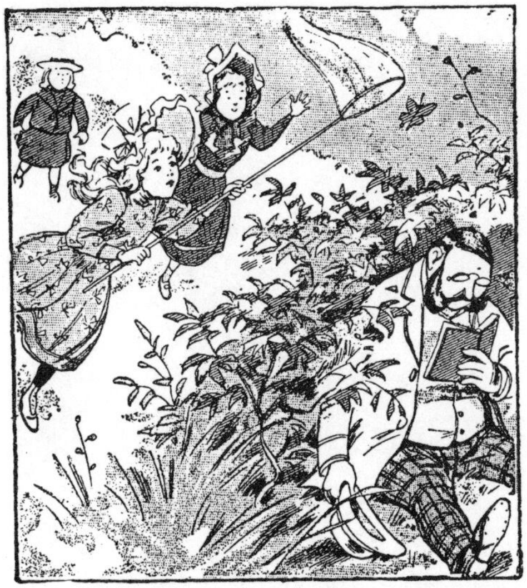

LOGOGRIPHE I.

En un fruit suret :
Légume aigrelet ;
Seau; lichen; filet;
De l'ouïe, organe ;
Treillis; quadru
[mane.

II

9 pieds, poisson ;
8 joyeux son.

Solutions. — *Log. : I.* ELLIESORG, ELLIESO, ELLIES, ELLIESRO, ELLISÉR, ELLIERO, ELLIRG, ELLIROG. — *Log. : II.* NOLLIPRAC, NOLLIRAC.

CHASSE AUX PAPILLONS

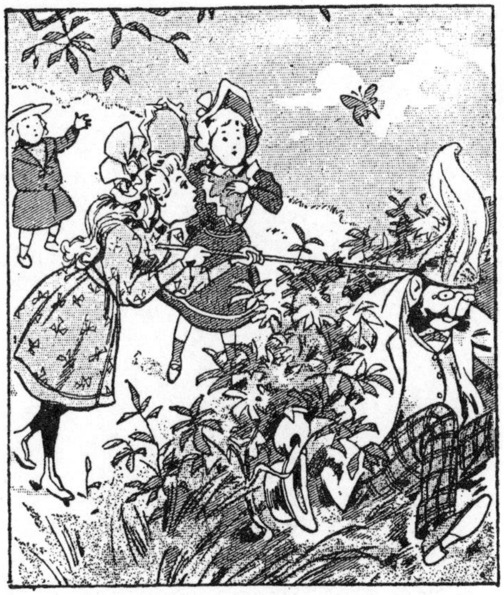

Nous sommes à Marse*ill*e,
La ville sans pare*ill*e,
Le pays merve*ill*eux,
De soi-même orgue*ill*eux ;
Tout le printemps gazou*ill*e,
Le merle et la grenou*ill*e,
La ca*ill*e et le gr*ill*on
Dans le creux du s*ill*on.

Un brave Marse*ill*ais
Dit : « Si j'appare*ill*ais
« Vers les champs ? Oui, je bâ*ill*e,
« Et me sens défa*ill*ir !
« Loin de toute marma*ill*e
« Il faut que je m'en a*ill*e
« Au bois me recue*ill*ir. »

Or, toutes les chen*ill*es
Ont quitté leurs guen*ill*es
Et fait des pap*ill*ons
Qui vont en tourb*ill*ons ;
Rose, Jeanne et Cam*ill*e
Les suivent en fam*ill*e,
Jetant sur les ta*ill*is
Filets au fin tre*ill*is.

Chut ! le fils de Marse*ill*e,
Au bruit fermant l'ore*ill*e,
Lit Racine ou Corne*ill*e
Et d'abord s'émerve*ill*e ;
Mais bien vite il somme*ill*e...

Soudain, il se réve*ill*e,
Las ! dans quel attira*il* :
Juste un épouvanta*il* !...
« Où suis-je, on me chatou*ill*e
« Le front et ça m'embrou*ill*e... »
Mais, tout à coup va*ill*ant,
Il bondit malve*ill*ant...

Quel triste échant*ill*on
De chasse au pap*ill*on !

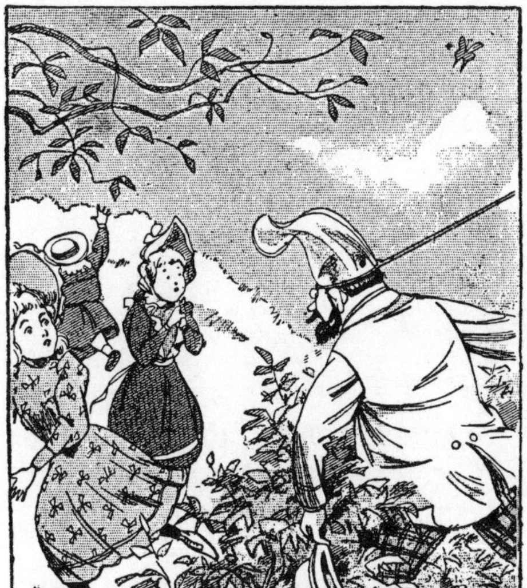

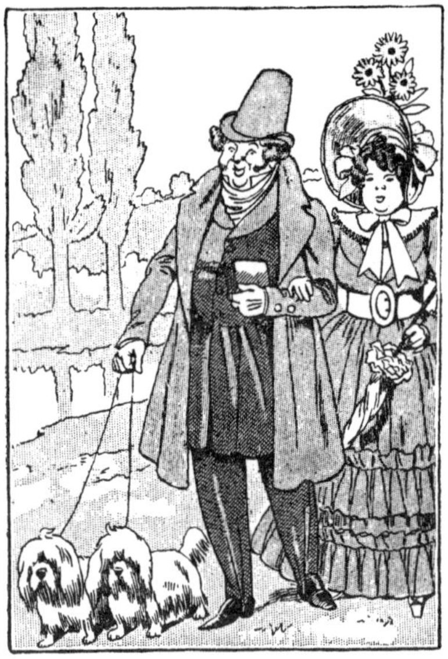

Le buffle pesant
Marche pesa*mm*ent ;
Le cerf élégant
Court éléga*mm*ent ;
Le condor puissant
Vole puissa*mm*ent ;
Le dogue vaillant
Jappe vailla*mm*ent ·
L'écolier savant
Répond sava*mm*ent
Et l'enfant bruyant
Parle bruya*mm*ent.

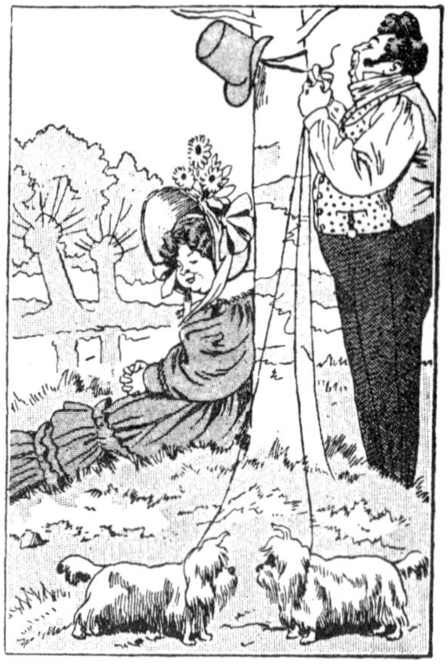

Sommeil incommodé

— « Çà, dit un jour le co*mm*andant,
« Le boulevard est asso*mm*ant !
« Rester au logis, c'est do*mm*age,
« Aux forêts portons notre ho*mm*age... »
Sa fe*mm*e i*mm*édiatement
S'apprête, et les chiens bruya*mm*ent.

Mais le beau soleil est de fla*mm*e !
Le co*mm*andant, co*mm*e sa fe*mm*e,
Désirerait bien faire un so*mm*e ;
Serré dans son col à la go*mm*e
Il est rouge co*mm*e une po*mm*e :
« Eh bien ! dormons, dit le brave ho*mm*e. »

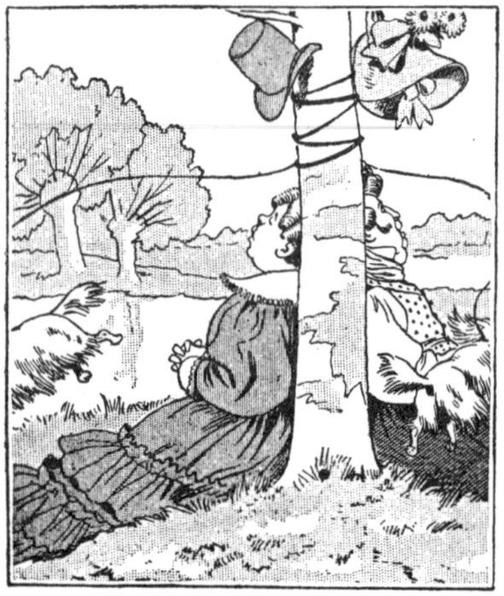

PHRASE A DIRE VITE :

Le co*mm*is du co*mm*issaire
de Co*mm*ercy,
Dit au co*mm*issionnaire
en co*mm*issions :
« Co*mm*ent va le co*mm*erce
des co*mm*erçants
de Co*mm*ercy ? »
« Co*mm*e-ça, co*mm*e-ci ;
Merci ! »

LOGOGRIPHE I

D'un programme :
Tirer fruit ;
Et bruit ;
Nom de femme ;
Poids ; enduit.

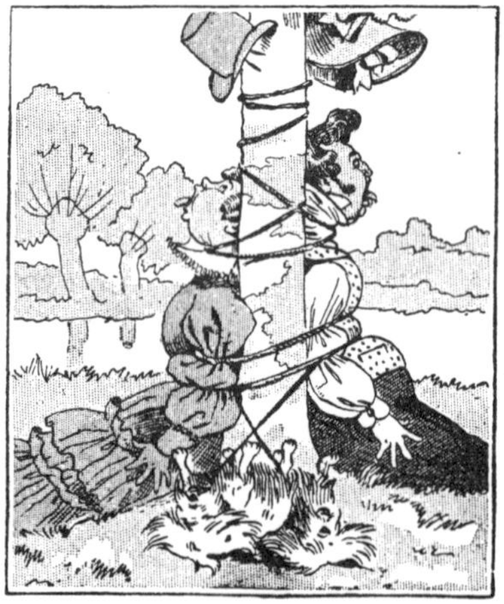

— « Quant à nous, jouons, ma co*mm*ère,
Dit l'un à l'autre ma*mm*ifère,
« Devant nous est l'i*mm*ensité ;
« A d'autres l'i*mm*obilité ! »
Aussitôt la course co*mm*ence,
Folle, vertigineuse, i*mm*ense...

La fin n'était pas au progra*mm*e :
On demanda, par télégra*mm*e,
Un docteur et du conso*mm*é...
Le pauvre couple inco*mm*odé
Rentra chez lui languissa*mm*ent ;
Et les chiens, je ne sais co*mm*ent !

LOGOGRIPHE II

Neuf pieds : art de parler ;
Six pieds : poids pour peser.

MÉTAGRAMME I

Sur sept pieds : quel bon lit !
Chef changé : quels bons fruits !

MÉTAGRAMME II

Sept pieds : onguent de toilette ;
Meuble, en changeant cinq et tête.

Solutions. — *Log. I : EMMARGORP, EMMOP, EMMAG, AMME, EMMARG, EMMOG. II : ERIAMMARG, EMMARG.* — *Métag. I : REIMMOS, REIMMOP. II : EDAMMOP, EDOMMOC.*

La gamme d'Olympe

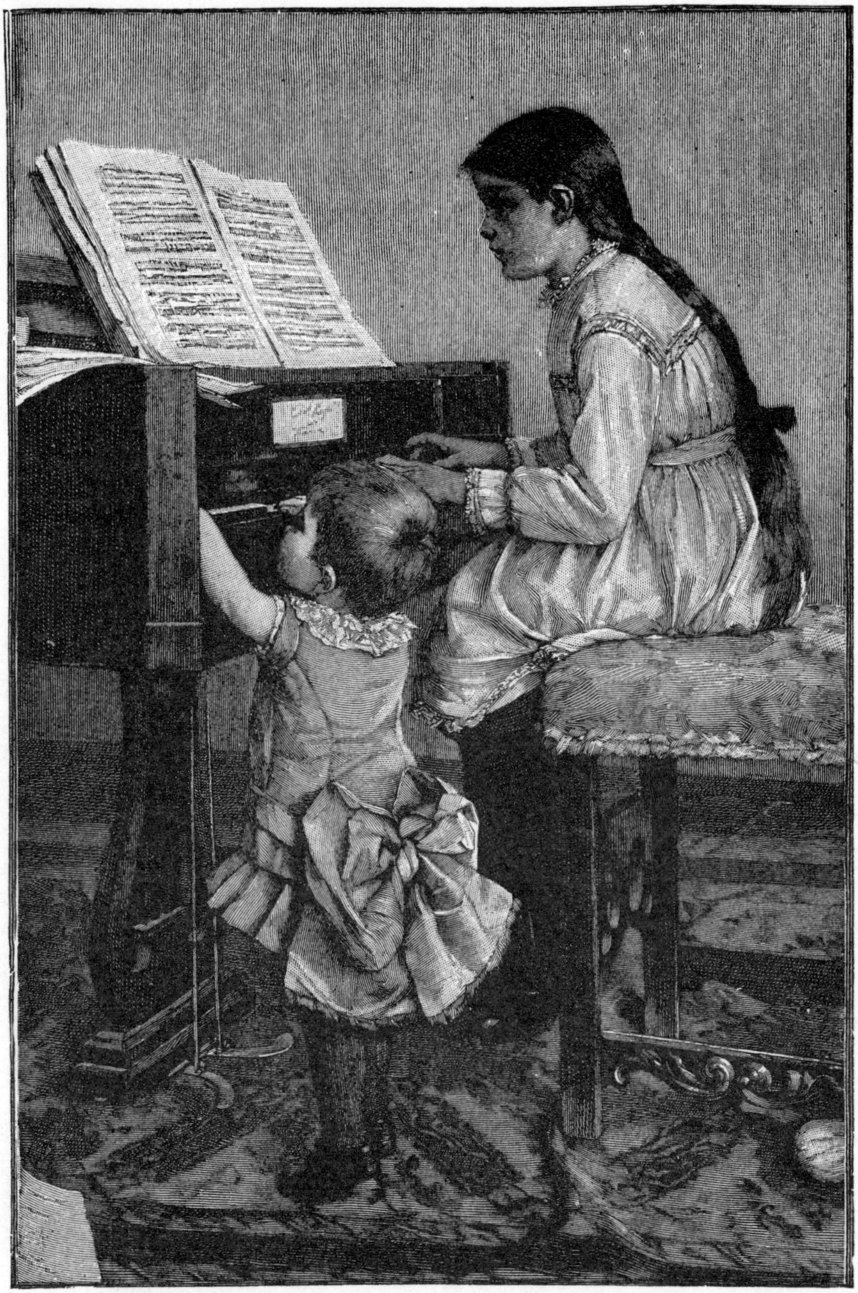

Oly*m*pe, dans sa cha*m*bre, étudie la ga*mm*e d'une sy*m*phonie co*m*pliquée ; on frappe à l'i*m*proviste.

Co*m*plaisante, mais i*m*prudente, Oly*m*pe va ouvrir ; c'est E*mm*anuel qui l'écoute d'abord i*mm*obile, puis, se haussant sur ses petites ja*m*bes, trio*m*phant, il joue aussi : Tap, tap !

I*m*possible d'étudier : qu'on e*mm*ène cet i*m*portun co*m*père et, s'il regi*m*be, qu'on l'e*m*porte.

Note : m *remplace* **n** *à la fin de quelques mots : faim, daim, essaim, varium, nom, pronom, etc.*

LOGOGRIPHE I

Je soutiens, sans ma tête,
Les pauvres malheureux
Qui sont, avec ma tête,
Un peu de temps boiteux.

II

D'une gomme odorante
Tirer : groupe de tentes ;
Terrain ; porte-bannière ;
Douleur ; enfin barrière.

III. D'un beau militaire
Tirer : caisse à bruit ;
Tourbillon qui nuit ;
Cire singulière ;
Chambre funéraire ;
Vague obscurité ;
Mot de quantité ;
Postale gravure ;
Brouillard ; signature ;
Et célébrité.

IV

Huit pieds : achat, marchandise ;
Un de moins, vent furieux ;
Six, synonyme d'église ;
Cinq, endroit tout près des yeux.

MÉTAGRAMME

J'éclate et brûle grand train
Sur deux B ;
Et moi j'arrose et j'éteins
Sur deux P.

Solutions. — *Log. I.* EPMAR, EPMARC. — *II.* ERHPMAC, PMAC, PMAHC, EPMAH, EPMARC, EPMAR. — *III.* RUENIRUOBMAT, RUOBMAT, EBMORT, ERBMUAEBMOT, ERBMO, ERBMON, ERBMIT, NURBME, MON, MONER. — *IV.* ETTELPME, ETÉPMET, ELPMET, EPMET. — *Métag.* : EBMOB, EPMOP.

I

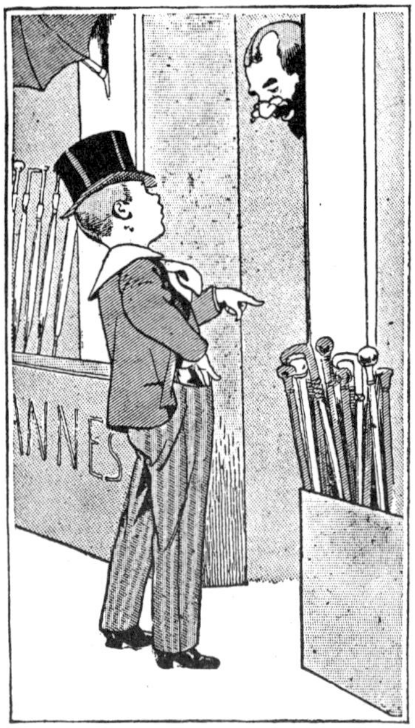

II

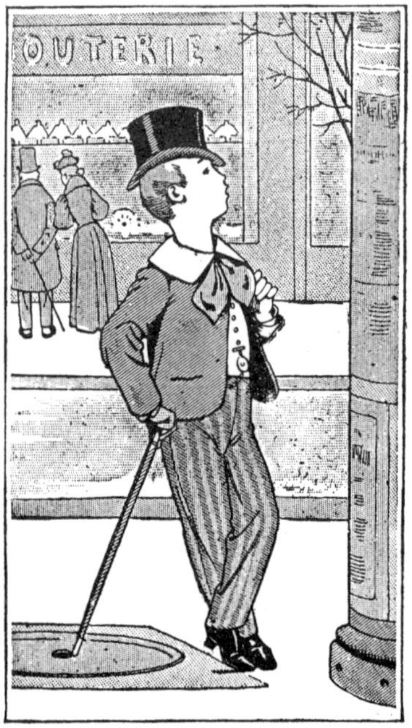

LA CANNE D'ÉTIENNE

Or, le premier jour de l'a*nn*ée
Ayant reçu grasse mo*nn*aie,
Etie*nn*e s'achète une ca*nn*e
Chez le mari de dame Jea*nn*e.
C'est une ca*nn*e belle et bo*nn*e,
Solide comme une colo*nn*e;
Non, ce n'est pas un bâto*nn*et
Ainsi qu'en porte un garço*nn*et.

Au collège pensio*nn*aire,
Il est un enfant débo*nn*aire;
Mais, en ce jour d'a*nn*iversaire,
Il est plus fier qu'un co*nn*étable,
Et singe l'homme raiso*nn*able :
Son pouce dans sa bouto*nn*ière,
Dans sa poche une bonbo*nn*ière,
Il lit, sur la maço*nn*erie,
Plus d'une affiche qui l'e*nn*uie.

Quand tout souci semble ba*nn*i,
Hélas! a-t-on un e*nn*emi!
La canne fuit, il s'y crampo*nn*e,
Elle raccourcit, il s'éto*nn*e...
Farce d'amis? Il le soupço*nn*e.
Il se tourne et ne voit perso*nn*e,
Rien qu'une dalle sans a*nn*eau,
Ronde telle un fond de to*nn*eau.

« Ma ca*nn*e neuve! crie Étie*nn*e,
Elle était ma plus belle étre*nn*e! »
Pauvre ca*nn*e bien faço*nn*ée,
D'une tête d'or couro*nn*ée,
Hélas! neuve ou bien ancie*nn*e,
C'est l'épave parisie*nn*e,
Au noir égoût abando*nn*ée,
Et sa dernière heure est so*n*-
[*n*ée!..

III

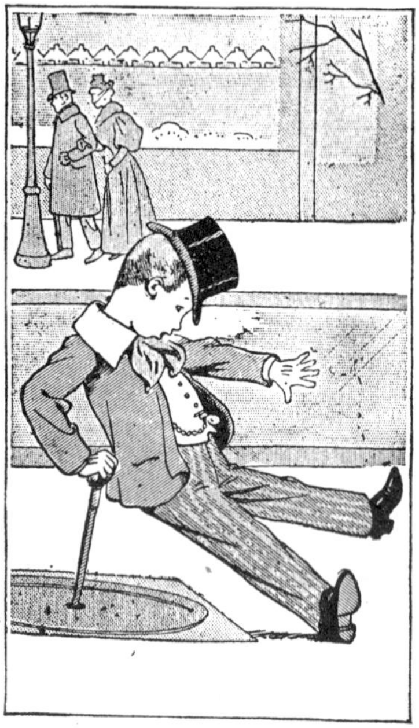

IV

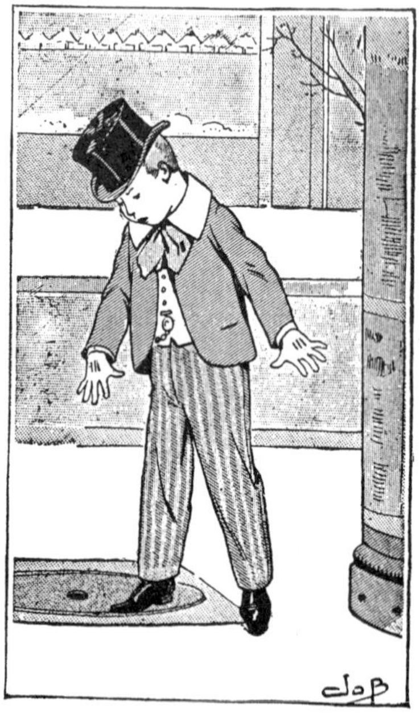

MÉTAGRAMME I

Le charcutier vend la ⋆anne;
Le tanneur tout le jour ⋆anne;
De l'écluse ouvre la ⋆anne;
Sur le char étends la ⋆anne;
Donne au grand-père sa ⋆anne;
Pour guérir, bois de la ⋆anne.

II

Avec T je viens d'un arbre,
Et suis vêtement;
Avec L je viens du marbre,
Et suis monument.

LOGOGRIPHE

D'un oiseau chanteur joyeux,
Tirer : verbe généreux;
Verbe travaillant le cuir;
Verbe bruyant à s'enfuir;
Bâton pour se soutenir;
Très grand tonneau vide ou plein;
Animal du nord lointain;
Temps d'un grand voyage rond;
Verbe qui touche au carton.

Sol. — *Mét. : II. EDANNOTOC, EDANNOLOC. — Log. : TERENNODRAHC, RENNOD, RENNAT, RENNOT, ENNAC, ENNOT, ENNER, EENNA, RENNOTRAC. — Char. I. ENNOB-SIL. — II. ENNER-UT. — III. RUENNOS-SIOM.*

CHARADE I

Mon premier, royale plante;
Mon second, brave servante;
Et mon tout, ville d'infante.

II

Mon un, mot pronominal;
Mon deux, polaire animal;
Et mon tout, grand général.

III

Mon premier passe sans bruit;
Mon second tinte à grand bruit,
Mon tout fauche à petit bruit.

ALINE ET LÉON

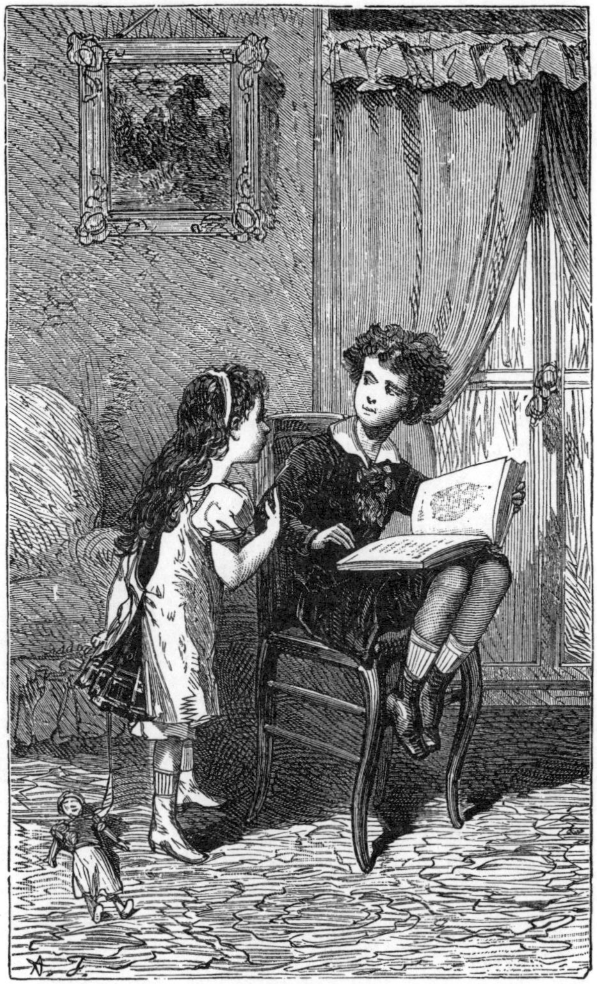

Aline et Léon lisent les anagrammes de leur livre : C'est très bizarre! un mot en produit un autre qui semble venir du bout du monde, tant il est différent comme sens et comme forme; on y entend des lettres dont on ne se doutait pas d'abord, ainsi dans gratin le t d'ingrat.

— Sais-tu, dis, Léon, que mon nom lu à rebours fait Noël?

— Le mien est encore mieux, répond sa sœur, car il fait deux mots : laine et liane.

— Inventons un jeu là-dessus...

Aussitôt dit, aussitôt fait.

JEU DES ANAGRAMMES

Inscrire sur des cartes 15 à 20 des questions ci-dessous. Mettre sur d'autres cartes les solutions correspondantes qui se trouvent page 64. Ainsi une carte aura la question : D'un seul signe faire un animal? Et une autre portera la réponse : Signe-Singe.

On fait circuler ces cartes comme au jeu des finales, page 52. Quand la question et la réponse sont dans la main du même joueur, il les pose devant lui. Le premier qui a ainsi épuisé son jeu a gagné.

I. — PERSONNAGES.

1. *A qui une croche donne-t-elle naissance?*
2. *Comment une digue peut-elle accompagner des touristes?*
3. *Qui sort tous les jours de l'épicerie?*
4. *Quel grand personnage naît dans un étang?*
5. *Qui ne quitte jamais la laiterie?*
6. *Qui habite dans une mercerie?*

7-8. *Comment dans une natte et dans une robe neuve trouver deux proches parents?*

9. *Quel monstre naît d'un grain d'orge?*
10. *Quel bandit se trouve dans une partie de plaisir?*
11. *Qui trouve-t-on dans chaque règne?*
12. *Qui se cache dans le vin de Sauterne?*

II. — ANIMAUX.

1. *D'un chasseur alpin faire un gibier?*
2. *D'un aunage produire un jeune ruminant?*
3. *Quel oiseau de proie porte un cordon de montre?*
4. *D'un épi faire un oiseau voleur?*
5. *Quel insecte habite le fumoir?*
6. *D'une girolle faire un grand quadrumane?*
7. *Avec du givre, faire un oiseau?*
8. *Comment une loupe devient-elle un volatile?*
9. *Quel animal porte toujours sa niche avec lui?*
10. *D'un seul signe faire un animal?*
11. *D'un train express faire un petit passereau?*
12. *Impossible de voter sans voir un serpent; pourquoi?*

III. — VÉGÉTAUX.

1. *Avec un nez camus faire un arbuste?*
2. *Faire un buisson avec une corne?*
3. *Quelle céréale peut-on faire avec une église?*
4. *Comment une cousine germaine devient-elle une plante?*
5. *Avec une lampe faire une feuille de palmier?*
6. *Quel fruit mange toujours un oiseau de proie?*
7. *Quel fruit trouve-t-on dans la remise?*
8. *D'une bonne rôtie faire une plante détestable?*
9. *Quel fruit offre toujours une personne sobre?*
10. *Comment faire de l'huile avec un voile?*
11. *D'une voilette tirer une fleur embaumée?*
12. *D'un voilier faire un arbre méridional?*

IV. — DIVERS.

1. *Comment écrire au tableau noir avec l'acier?*
2. *Dans quel mois trouve-t-on toujours un ami?*
3. *Emmailloter un enfant dans un angle?*
4. *D'une chope de bière faire un petit sac?*
5. *Quelle pâtisserie est faite d'eau claire?*
6. *Attacher ses souliers avec un éclat de rire.*
7. *Quel outil l'écolier trouve-t-il dans la grêle?*
8. *Comment mettre au four un ingrat?*
9. *Comment s'habiller d'une simple ligne?*
10. *D'une lime faire un sirop exquis?*
11. *Que peut-on faire avec la nacre d'une huître?*
12. *Quelle construction fait-on toujours avec rage?*

UN PEU !

On dit qu'un jour de printem*p*s,
Le vieux père Cantalou*p*
Promenait, par le beau tem*p*s,
Trente ballons d'un seul cou*p*.
Or il s'entend a*pp*eler
Et se hâte d'a*pp*rocher,
Car on peut a*pp*réhender,
Las ! de se voir su*pp*lanter ;
Son fardeau l'a*pp*esantit ;
Mais la fillette a*pp*laudit.

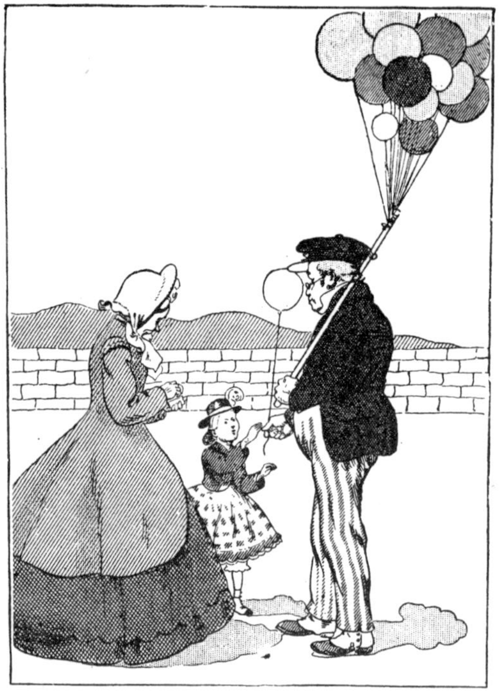

BEAUCOUP !

Devant cette belle gra*pp*e,
Entre ses mains elle fra*pp*e,
Et tout d'abord s'a*pp*roprie
Un seul ballon, l'a*pp*récie :
(Il est fort a*pp*rivoisé ;
Hier, un s'était écha*pp*é.)
Puis elle vient su*pp*lier
Pour avoir un su*pp*lément,
Et sa mère, a*pp*aremment,
Se hâte de l'a*pp*rouver.

MÉTAGRAMME I

Je suis en i
Un vieil habit ;
Et puis en a
Linge au repas.

ANAGRAMME

Dans un sens lu,
Je suis surplus ;
Dans l'autre sens
Abri des vents.

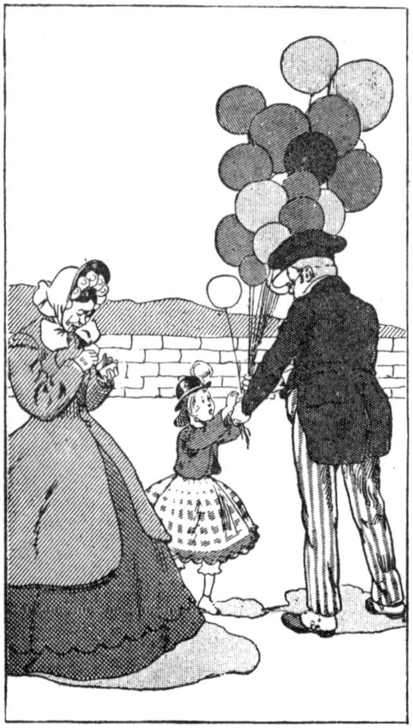

TROP !

L'enfant prend tout sur-le-champ*p*...
Les ballons lèvent le cam*p*
Sans grande o*pp*osition...
Ah ! quelle a*pp*arition !
Pas un cordon ne se rom*p*t !
Tout part d'un vol sûr et prom*p*t,
La fillette en a*pp*endice :
Pour sa mère quel su*pp*lice !
Puisse un arbre les ha*pp*er
Et bien fort les agri*pp*er.

LOGOGRIPHE I

Fier sur quatre pieds,
Je porte guerriers ;
Cinq, paisible et bon,
Je porte moisson.

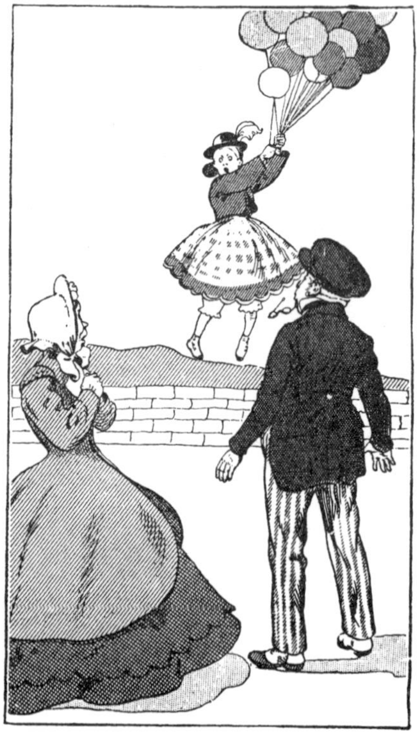

MÉTAGRAMME II

Je suis avec deux têtes
Un choc ni beau ni bon ;
Changez : je suis la bête
Qui mange le mouton.

LOGOGRIPHE II

Six pieds : j'ornais la tête
De Riquet fier et beau ;
Cinq pieds : je porte aigrette
Et je suis un oiseau.

MÉTAGRAMME III

Je figure avec mes trois têtes :
Un bon piège à prendre les bêtes ;
Un ensemble de petits grains ;
Le mot de Thémistocle enfin.

Solutions. — *Métag.* I. EPPIN, EPPAN. — II. PUOC, PUOL. — III. EPPART, EPPARG, EPPARF. — *Anag.* : PORT, TROP. — *Log.* PMAC, PMAHC. II. EPPUOH, EPPUH.

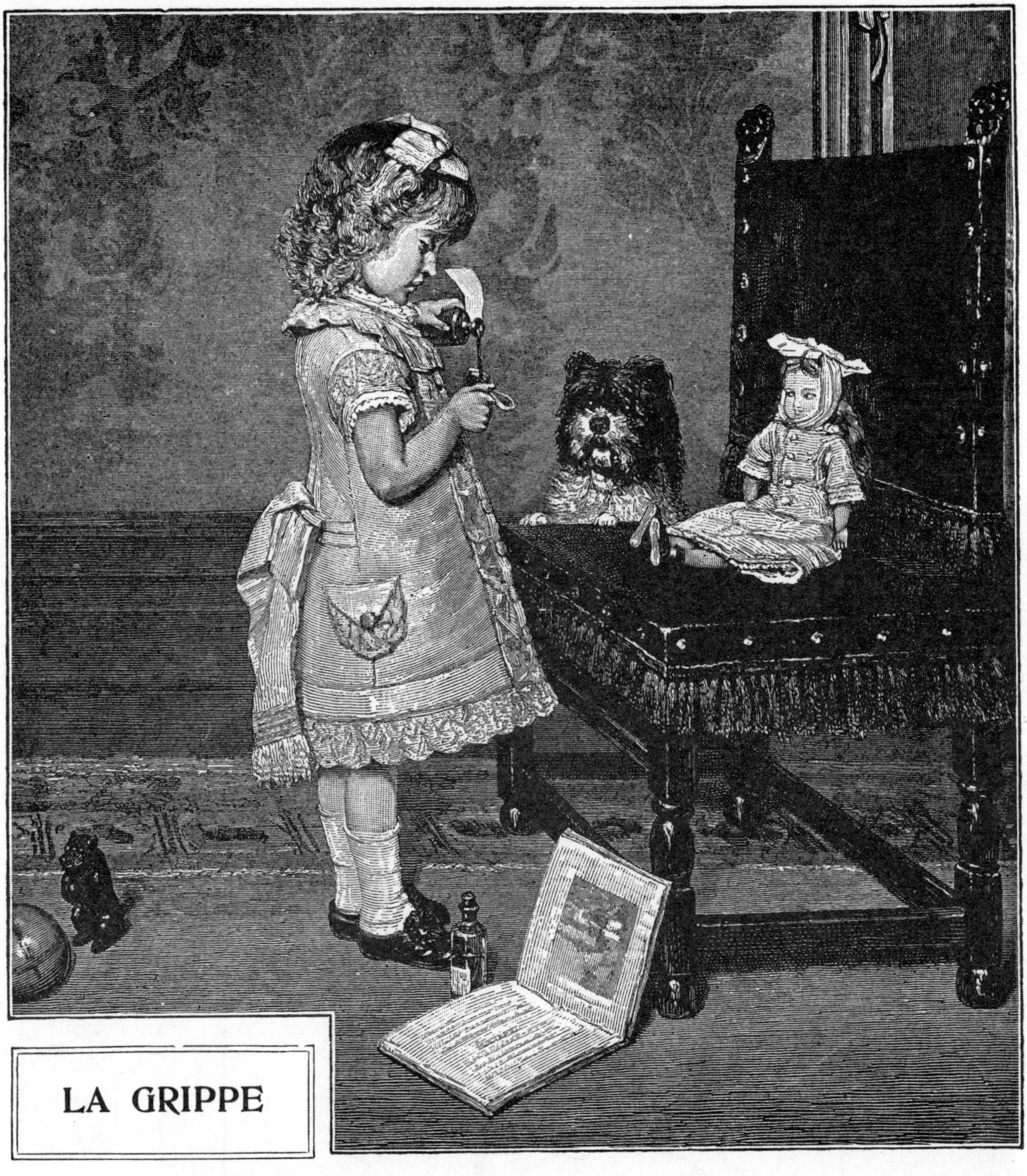

LA GRIPPE

Baptista, la poupée de Philippine, a la grippe depuis sept ou huit jours : plus d'appétit et des douleurs insupportables dans la tête et même dans tout le corps, de temps en temps. Quel désappointement : on devait aller voir un dompteur de lions !

Pour la guérir promptement sa petite maman l'a enveloppée d'un bon foulard grand comme un drap avec une application d'ouate d'où s'échappent des houppes de cheveux blonds ; puis dans je ne sais quel coin de l'appartement elle va dénicher un sirop de noire apparence ; elle compte les gouttes et a la septième elle dit : « C'est très amer, il faut apprendre a avaler d'un seul coup, n'est-ce pas, Cap ? »

Cap, le chien, connait son nom de baptême ; a l'appel de Philippine il approche au galop ; appuyé sur la chaise sculptée il approuve de la tête, et s'apprête a applaudir a la mode chien, en jappant. Je suppose que la grippe va être supprimée !

JEU DES DÉRIVÉS

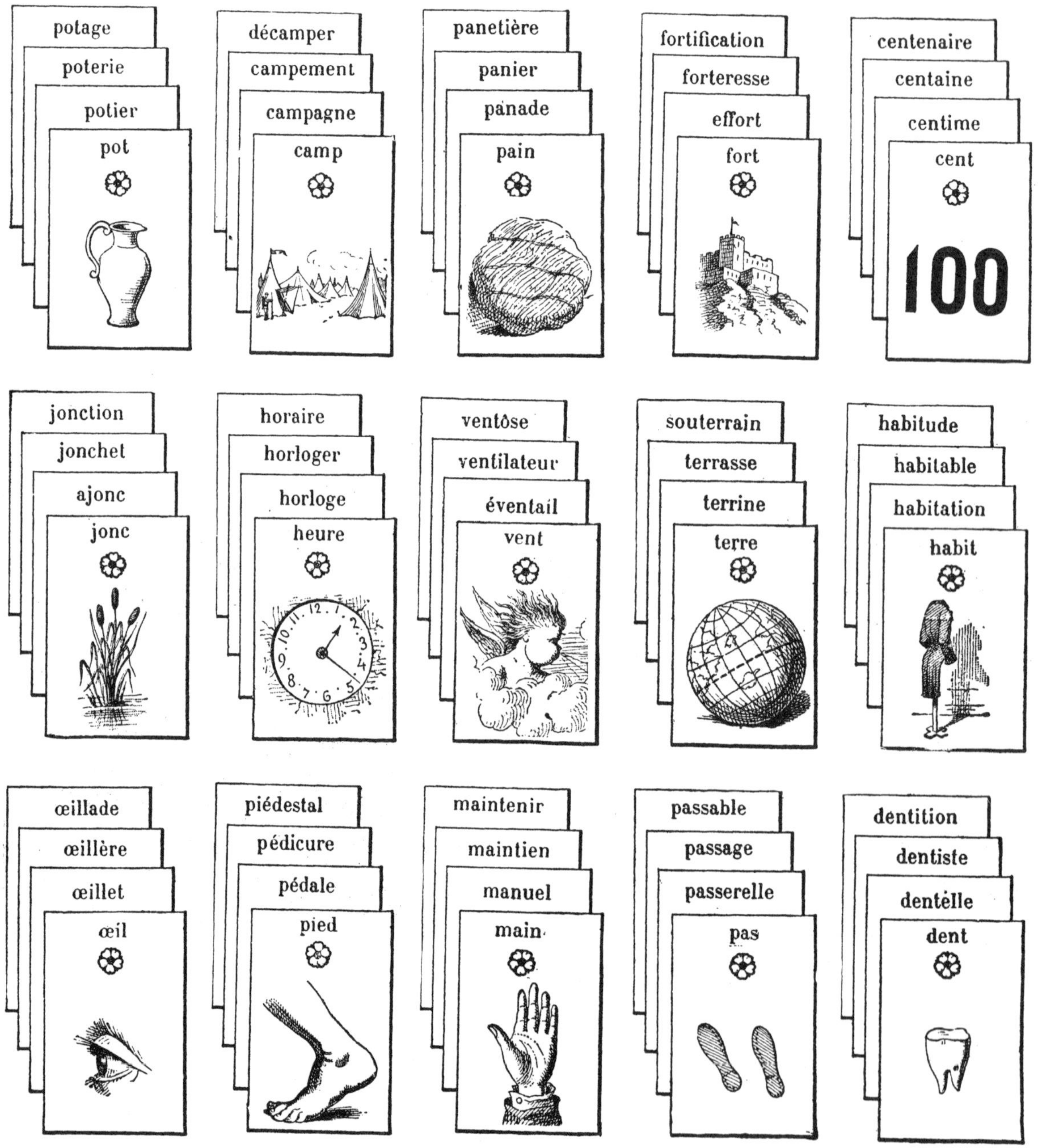

Inscrivez chacun de ces mots en tête d'une petite carte avec les 3 autres au-dessous (à la place des gravures ci-dessus), soit chaque fois 4 cartes répétant les mêmes mots dans un ordre différent — chacun étant une seule fois en tête et devenant le titre de la carte. — Brouillez et distribuez.

Le premier joueur appelle alors un des noms secondaires de son jeu, ainsi : POTAGE, *inscrit sous l'en-tête* POT, *en s'adressant à un camarade qui lui remet, s'il la possède, la carte ayant* POTAGE *en titre, sinon le camarade répond : « Erreur ! » et prend le tour en faisant d'autres demandes de la même façon.*

Le jeu continue ainsi jusqu'à ce que toutes les familles soient reformées ; chacun les pose d'ailleurs devant soi au fur et à mesure et celui qui en réunit le plus grand nombre gagne.

TRIOMPHE ET CATASTROPHE

Mlle Del*ph*ine n'est pas un *ph*énomène, une géante, quoiqu'elle dise sans cesse avec em*ph*ase : — « Je suis grande. » C'est la *ph*rase qu'elle écrira dès qu'elle saura un peu l'al*ph*abet et l'orthogra*ph*e.

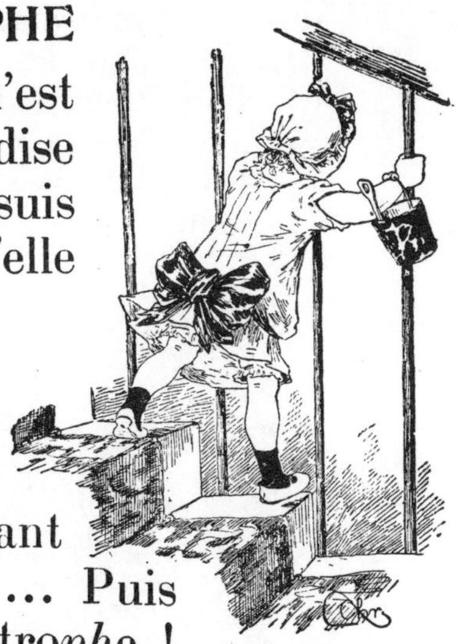

Elle la disait, hier, grimpée sur un des dau*ph*ins du jet d'eau. Elle tomba et il fallut presque un sca*ph*andrier pour la repêcher.

La voici descendant l'escalier seule. Que triom*ph*e d'abord !... Puis hélas ! quelle catastro*ph*e !

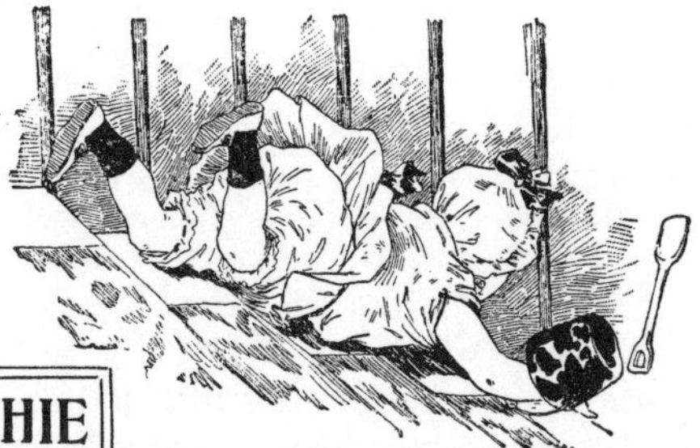

Il faudra télé*ph*oner au *ph*armacien d'apporter des compresses d'eau *phé*niquée.

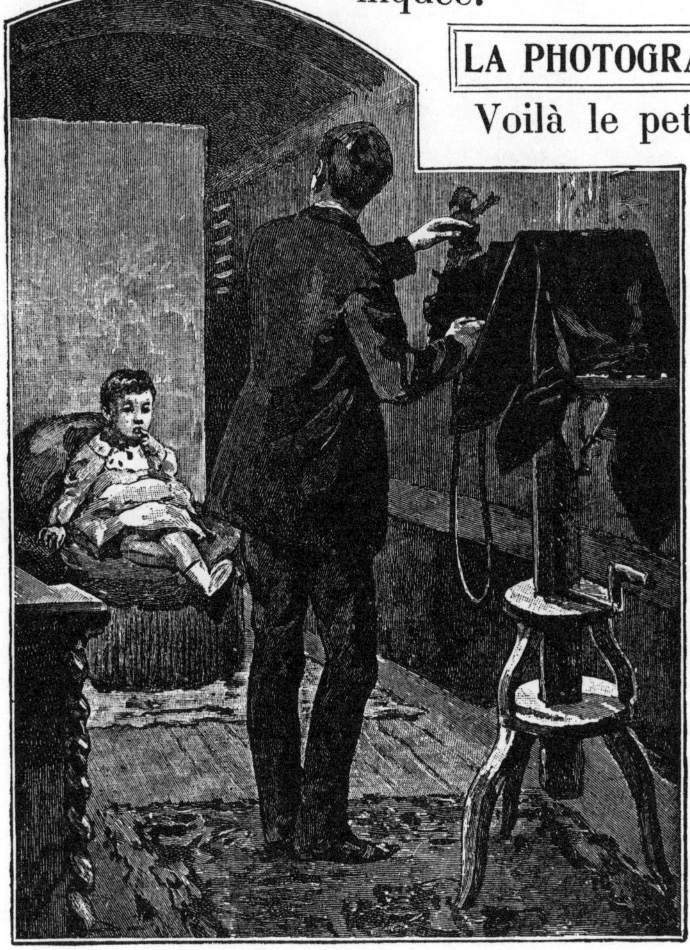

LA PHOTOGRAPHIE

Voilà le petit Adol*ph*e chez le *ph*otogra*ph*e. Celui-ci lui montre un élé*ph*ant qui prise du cam*ph*re ; un *ph*oque or*ph*elin qui pleure ; enfin le pantin *Ph*aramond qui danse en faisant le télégra*ph*e avec ses bras. Adol*ph*e est ravi.

Crac ! la *ph*otogra*ph*ie est faite et on y voit Adol*ph*e suçant son doigt jusqu'à la dernière *ph*alange.

LOGOGRIPHE

Dans une écriture à la mode,
Trouver : voiture peu commode ;
Apparence d'une planète ;
Perte de voix ; chanteur-poète ;
Sorte d'ange ; tour lumineuse ;
Pierre précieuse ; eau gazeuse ;
Défilé de mots ; poétesse ;
Couplet ; prénom qui dit sagesse.

Solutions. — *Log. : EIHPARGONÉTS, NOTÉAHP, ESAHP, EINOHPA, EÉHPRO, NIHPARÉS, ERAHP, RIHPAS, NOHPIS, ESARHP, OHPAS, EHPORTS, EIHPOS.*

UN TÉNOR TAPAGEUR

Notre bourriquet, maître Omar,
Entêté comme un cauchemar,
Dans tous ses moments de loisir
Se fait entendre avec plaisir,
Et de sa voix, paraît très fier.
Soit en été, soit en hiver,
Sous le ciel de pourpre ou d'azur,
En plein champ comme au pied d'un mur,
A l'étrille sous son hangar,
Ou traînant notre petit char,
En se rendant à l'abreuvoir,
En passant devant le lavoir,
Dans notre rue et notre cour,
Il croit que c'est toujours son tour.

Voyez, dans ce joli décor,
Il semble dire : « Foin du cor,
« Et de la flûte et du tambour,
« On m'entend bien mieux alentour
« Écoutez, voici mon grand air :
« Hi-han ! hi-han ! Quel gosier clair !
« C'est retentissant, doux et pur,
« Point de fausset et rien de dur.
« Je commence par assourdir,
« Puis je finis comme un soupir ;
« Ainsi, je chante avec amour
« Le départ comme le retour.
« Si le matin je dis : bonjour,
« Quand la nuit vient, je dis : bonsoir,
« En laissant à chacun l'espoir
« De m'ouïr demain ; — sans détour,
« Je suis le parfait troubadour. »

— « Ah ! vous vous faites trop d'honneur
Lui répondent les gens en chœur,
« Nous étourdir demain comme hier !
« Assez baudet, assez mon cher..
« Désormais, Monsieur le Ténor,
« Sachez que le silence est d'or. »

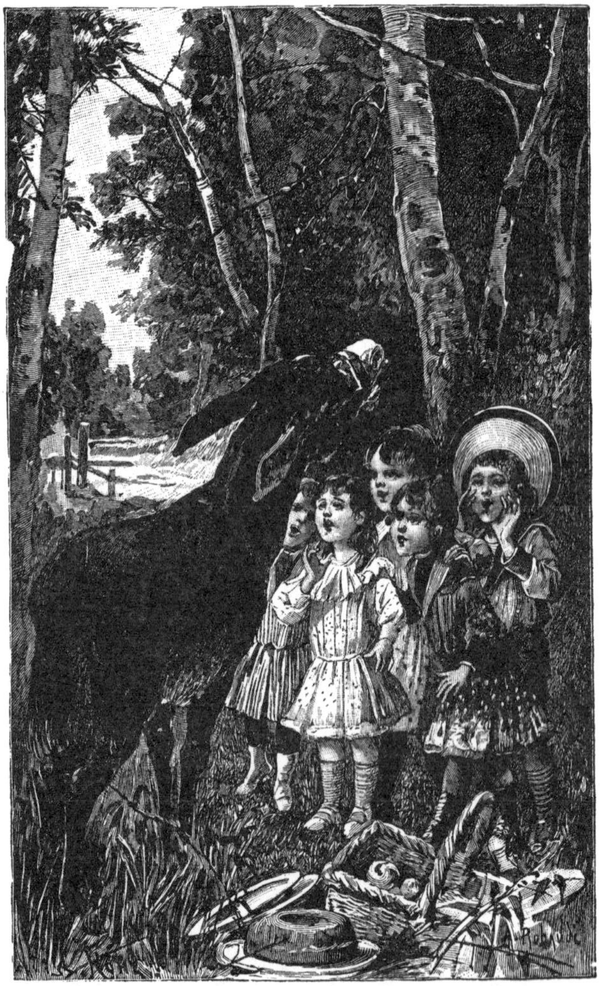

ÉNIGME

On me voit dans le ciel
Et chez le pâtissier.

CHARADE

Voyelle est mon premier,
Et l'eau de mon dernier,
Au goût, met mon entier.

LOGOGRIPHE

Sur trois pieds j'étourdis,
Et sur deux j'enrichis.

MÉTAGRAMME : AU REVOIR !

Tout me plaît en ce manoir :
Beaux paysages, air ⋆ur ;
Haut plafond, solide ⋆ur ;
A chaque mur un ⋆iroir ;
A chaque table un ⋆iroir.
Du linge pour le ⋆avoir ;
Des livres pour le ⋆avoir,
Des livres pleins de v⋆leur,
Car personne n'est v⋆leur ;
Le vin doux coule au ⋆ressoir ;
La vaisselle est au ⋆ressoir,
Vaisselle de plus d'un ⋆our.
Une riche basse- ⋆our
Alimente un vaste ⋆our,
Solide comme une ⋆our ;
Les plats ont bonne ⋆enteur ;
On les mange avec ⋆enteur,
Et sans compliment ⋆enteur,
Les gens font tous leur ⋆evoir ;
Cela me plaît !... Au ⋆evoir !...

Note. *Les noms terminés par* **eur** *s'écrivent sans* **e** *à la fin ; excepté la demeure, l'heure, le beurre, un leurre.*

Solutions. — *Énigme : RIALCÉ. — Charade : REM-A. — Log. ROC, RO. — Mét. : P, M, M, T, L, S, A, O, P, D, J, C, F, T, S L, M, D, R.*

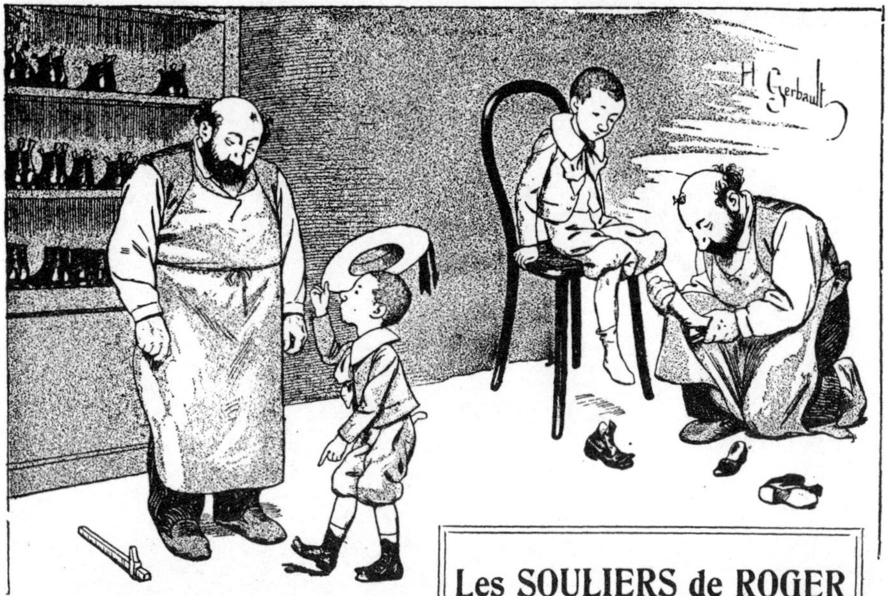

Les SOULIERS de ROGER

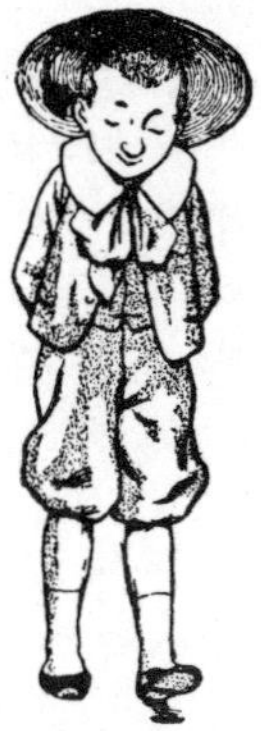

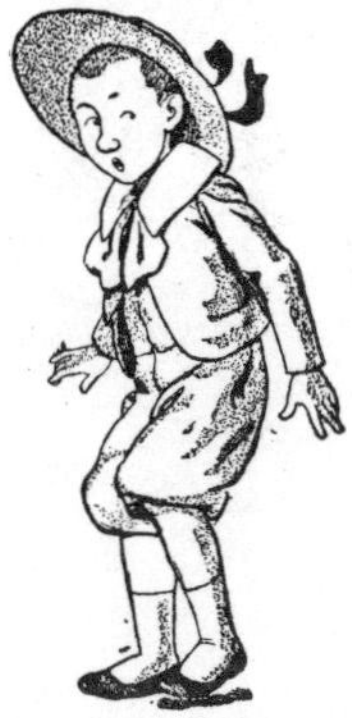

Rog*er*.

Bonjour, Monsieur le cordonni*er*,
Voyez, j'ai percé mon souli*er*.

Le Cordonni*er*.

Faut le porter au saveti*er* ;
Raccommoder, c'est son méti*er*
En neuf, moi je suis ouvri*er* :
Point de meilleur dans le quarti*er*.
Entrez là, c'est mon ateli*er*...

Rog*er*.

Des souliers à boucles d'aci*er*...

Le Cordonni*er*.

Ah ! Ah ! des souliers de renti*er* !
Pour se promener au verg*er*
Ou dans le jardin potag*er*...
Foin ! des gros souliers de berg*er*,
Pesants aux pieds comme un roch*er*...
J'ai ce qu'il faut : rien de grossi*er* !
Voilà : marchez sur le planch*er*.
Ça vous gêne ?... mal passag*er* :
Ce cuir-là vous est étrang*er*,
Mais quelques courses au cloch*er*...

Rog*er*.

Holà ! Je ne suis pas courri*er* !
Donnez-moi moins beau, moins lég*er*,
... Mais que je marche sans dang*er* !

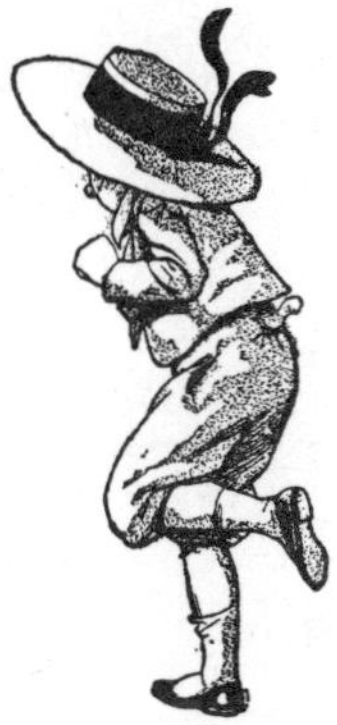

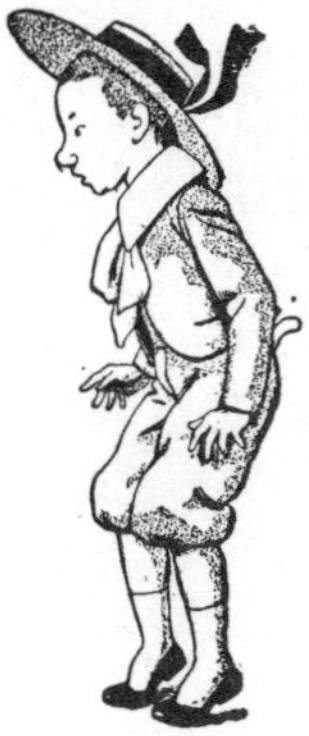

Le bais*er*
Le bûch*er*
Le ruch*er*
Le pruni*er*
L'orang*er*
Le lauri*er*
Le senti*er*

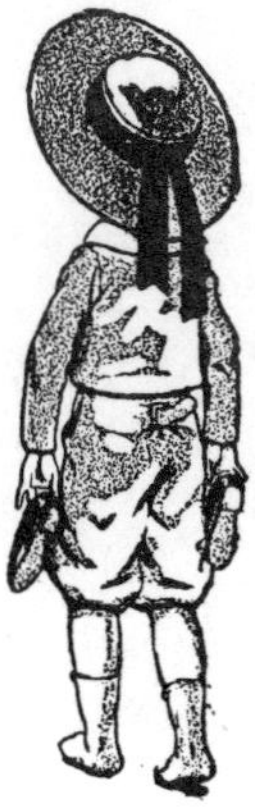

Fin

Le vieux papeti*er*
Dit : « J'ai du papi*er*
Pour le romanci*er*
Très paperassi*er*,
Et pour l'écoli*er*
Moins écrivassi*er*.
Puis, ce beau papi*er*,
Qui du chiffonni*er*
Me vient tout enti*er*,
Cahier par cahi*er*,
Depuis le premi*er*
Jusques au derni*er*,
Retourne au fripi*er*. »

ANAGRAMME

Je puis vous offrir des rideaux :
Mêlez, et j'offre des gâteaux.

REISSIPAT, REISSITAP

Le pa*rr*ain
La ma*rr*aine
Le cou*rr*ier
La cou*rr*oie
Le ca*rr*osse
Le co*rr*idor
Le lie*rr*e

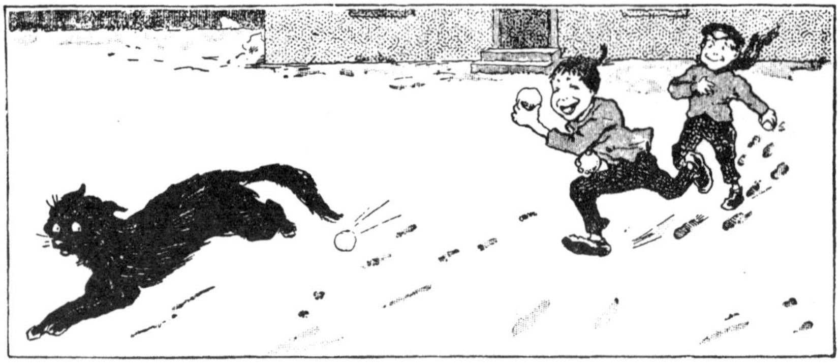

RUSE DE GUERRE

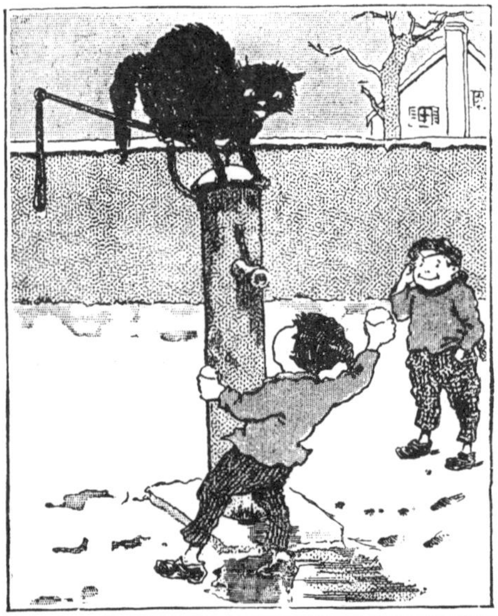

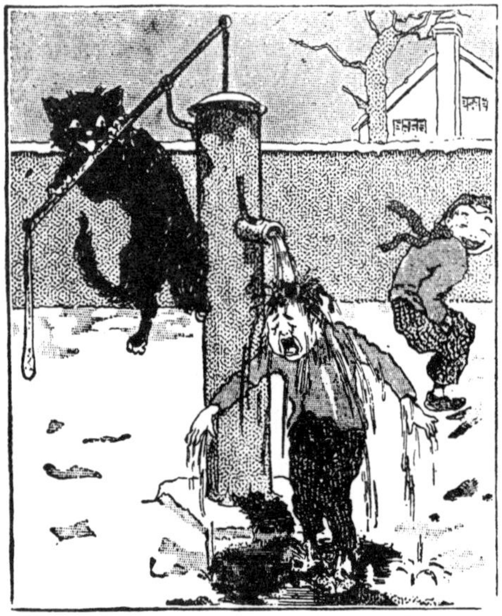

Pie*rr*ot avec son cousin Pie*rr*e
Au chat noir font toujours la gue*rr*e,
Car il est bien un peu la*rr*on,
Et quelquefois sur le pe*rr*on
Il prend la tartine beu*rr*ée,
Ou de boudin bien rembou*rr*ée,
Que les garçons laissent e*rr*er
En s'amusant sans s'a*rr*êter.
— « Elle deviendrait pou*rr*iture !
« Faisons-en plutôt nou*rr*iture, »
Pense Minet. Pie*rr*e, i*rr*ité,
Et Pie*rr*ot, non moins cou*rr*oucé,
A l'ennemi, d'un air ho*rr*ible
Jurent une gue*rr*e te*rr*ible :
Il leur faut sa peau sans e*rr*eur....

Minet s'enfuit avec te*rr*eur.
Il saute sur mur et ba*rr*ière
En ronflant comme le tonne*rr*e.
Sur la pompe, il est a*rr*ivé,
Et paraît fort emba*rr*assé ;
Tout en hérissant sa fou*rr*ure,
De la pompe, il tient la fe*rr*ure.
Pie*rr*e et Pie*rr*ot s'écrient : — « Hu*rr*ah !
« Lui-même en cible il se fou*rr*a ! »
Pie*rr*e vise... Mais sur la ba*rr*e,
Minet glisse... Quelle baga*rr*e !
Alors, Minet, quittant l'a*rr*êt
Et s'enfuyant à tout ja*rr*et
Crie : — « Au revoir, Pie*rr*ot et Pie*rr*e,
« A ma santé, buvez ce ve*rr*e... »
C'était une ruse de gue*rr*e !

CHARADE
Un dans deux se promène ;
Tout laboure la plaine.

LOGOGRIPHE
Dix pieds : bruit formidable ;
Six pieds : utile câble.

MÉTAGRAMME
En vitre on peut me mettre,
Puis grille à la fenêtre.

PERRUCHES ET PERROQUETS

Des pe*rr*uches, des pe*rr*uches et encore des pe*rr*uches, dans la se*rr*e où il fait une chaleur to*rr*ide pour imiter leur te*rr*e natale.

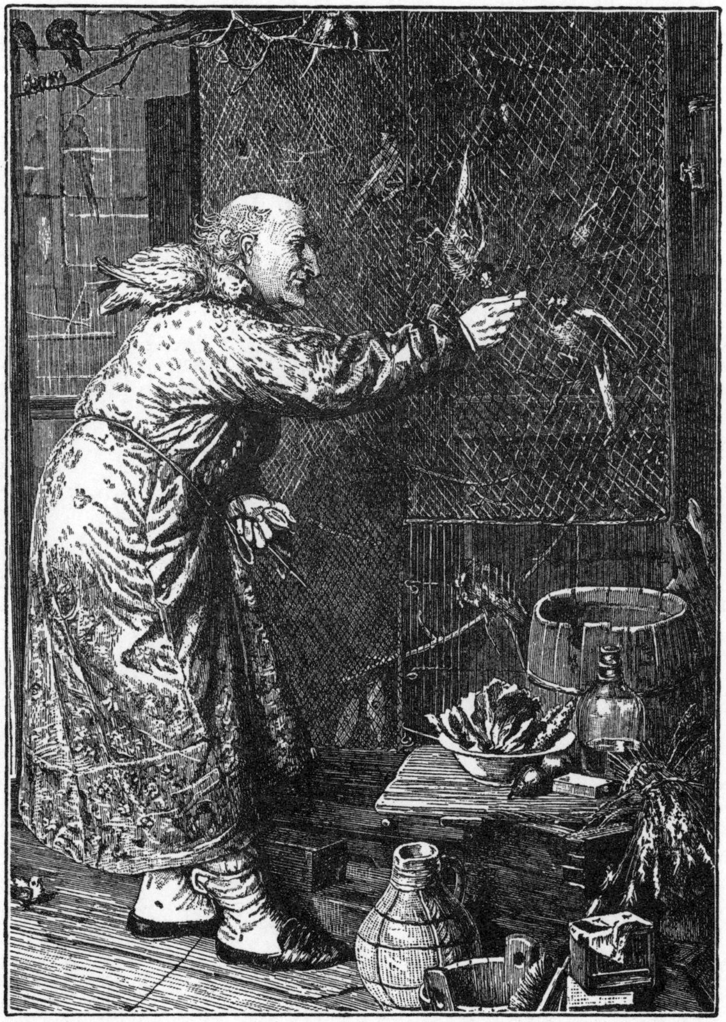

L'heure du déjeuner est a*rr*ivée : quel tintama*rr*e ! Toutes crient d'une voix biza*rr*e : Bonjour, pa*rr*ain ! Puis l'une ajoute en frappant du bec au ba*rr*eau à coups i*rr*éguliers : « Tartine de beu*rr*e !

— Moi, ma*rr*on grillé !

— Moi, te*rr*ine d'eau fraîche ! » — Emba*rr*assé dans sa robe de chambre chama*rr*ée, biga*rr*ée, leur vieux maître ressemble à un gros pe*rr*oquet ; il est accouru avec tant d'i*rr*éflexion qu'il en a oublié sa pe*rr*uque et ses ja*rr*etières ; il se hâte d'offrir à chacune sa nou*rr*iture préférée, tandis que sa favorite s'a*rr*ondit et se se*rr*e contre son col de fou*rr*ure, dont elle a*rr*ache parfois un poil... Il essaie de prendre l'air bou*rr*u en disant : « Patience ou gare la co*rr*ection, » mais, en somme, il serait fort ma*rr*i de punir et s'a*rr*ête seulement i*rr*ésolu, faute de savoir à qui entendre.

LOGOGRIPHE

Fais d'un cordon, je te prie :
Ordre de chevalerie ;
Globe ; contraire d'avant ;
Haut de jambe ; jugement ;
Aller sans but ; poterie ;
Cacher sous le sol ; enfin,
Gîte à lapin.

Solutions. — *Log.* : ERÈITERRAJ, ERÈITERRAJ, ERRET, ERÈIRRA, TERRAJ, TÊRRA, RERRE, ERRAJ, RERRET, REIRRET.
Solutions de page 44. — *Char.* : EUR-RAHC. — *Log.* : ERRAMATNIT, ERRAMA. — *Met.* · UAERRAC, UAERRAB.

LE MARDI GRAS de Mr LE MARQUIS

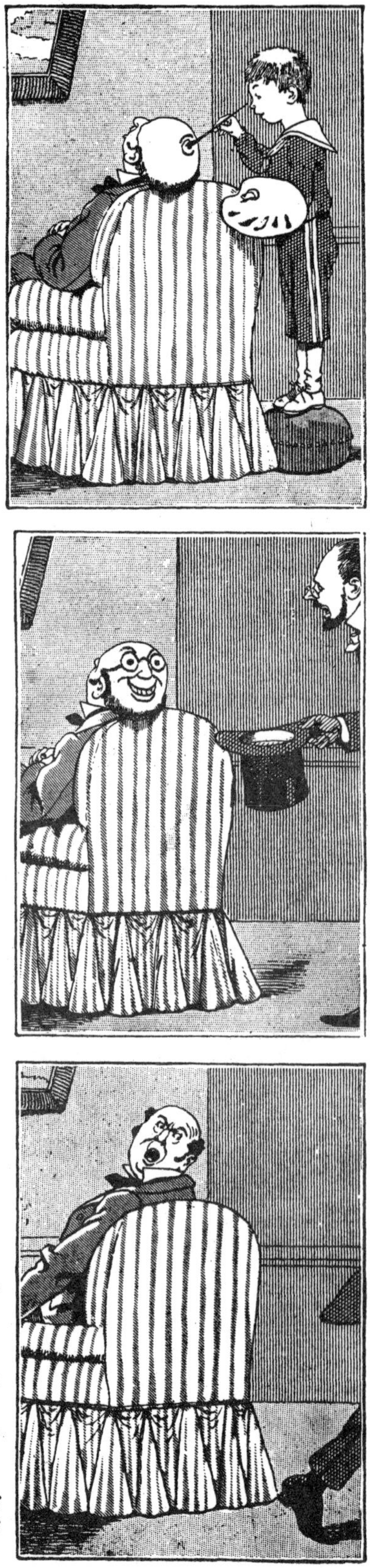

C'est le Mardi Gras,
Et grand embarras
De fête à Paris.
Monsieur Le Marquis
Dit : « Moi je suis las
« Des masques en tas ;
« Et pour cette fois,
« Au vieil univers,
« Montrons un minois
« Plaisant et narquois
« De face et d'envers. »

Allant chez Denis,
Grand peintre jadis,
Dont le jeune fils
Barbouille toujours,
Au petit Louis,
Il fait ce discours :
— « Avec tes vernis
« Et tes coloris,
« Vite à mon secours ;
« Viens à mon logis
« Me peindre à rebours. »

Quoique fort surpris,
Louis, sans gâchis,
Fait un prompt croquis,
Puis tient ce propos
A notre héros :
— « Restez en huis clos
« Une heure en tous cas
« Séchant mon platras. »

Or, pendant ce temps,
On cherche en tous sens
Monsieur Le Marquis.
Lui, sage et soumis,
Se tient bien assis
Et calme et dispos
Goûte un doux repos.

Mais voici des pas...
Avec grand fracas,
L'indiscret Francis
Soudain ouvre l'huis,
Puis reste indécis...
« Je suis, dit l'intrus,
« L'étage au dessus,
« Ou peut-être, hélas !
« L'étage trop bas... »
Honteux et confus
Il s'enfuit sans plus.

Tout ce cliquetis,
Bruyant et divers,
Éveille Marquis
L'humeur de travers.

Mais bientôt, précis,
Il a tout compris
Et dit : « Quel succès !
« Je ferai florès !
« Cessons mon blocus,
« Prenons l'omnibus,
« Et que tout Paris
« M'admire gratis. »

MÉTAGRAMME

*Cendrillon couche au g*l*t*s ;*
*Son lit n'a point de m*t*l*s ;*
*Quand on l'enferme au c*d*n*s,*
*Elle brode son c*n*v*s.*
*« Avec le roi tu p*rl*r*s »*
*Dit sa marraine, et v*ls*r*s ;*
*« Mets donc ta robe en t*ff*t*s*
*« Et grignote ce ch*ss*l*s. »*

LOGOGRIPHE

De Raminagrobis
Tirer : baisse de prix ;
Fleur ; graine parfumée ;
Membre ; ligne inclinée ;
Tas d'objets ; corps ligneux ;
Pain noir ; terrain bourbeux
Avant avril ; graisseux ;
Ni blanc ni noir ; peu haut ;
Rayon de roue ; oiseau ;
Trente jours ; à poil court ;
Carte ; en Pas-de-Calais ;
Charpente d'homme ; épais ;
Garçon ; blé de Turquie...
Ouf ! ma liste est finie.

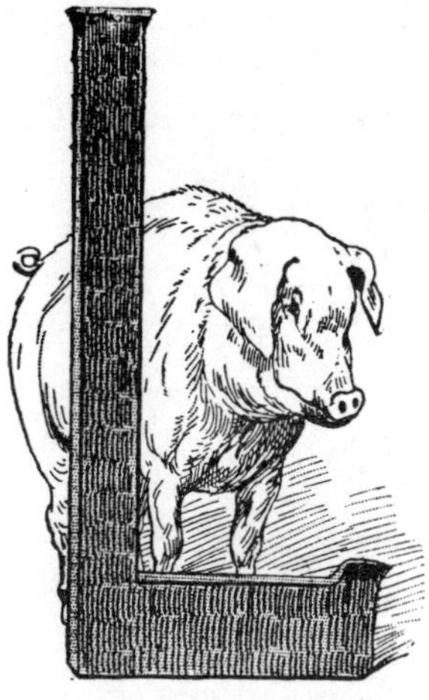

LE PETIT PORC FRAIS

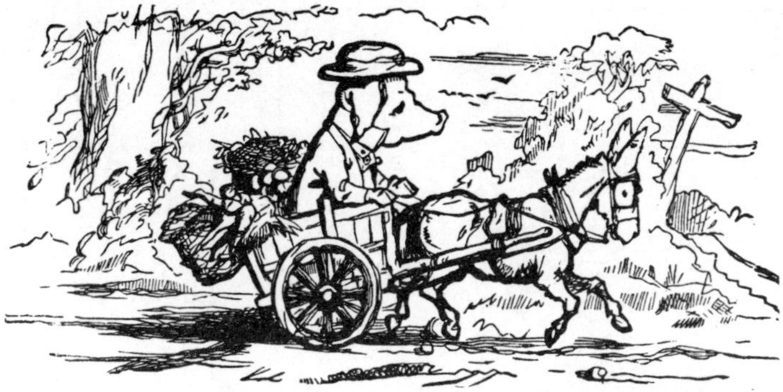

LITTLE PIG ANGLAIS

Je suis " little pig " angl*ais*,
Museau rose et noir de j*ais* ;
Ma queue, en l'air ou de bi*ais*,
Fait souvent rire au rab*ais*
Enfant, seigneur et laqu*ais*.

Les gens ne m'oublient jam*ais* :
Un âne met son harn*ais*
Et parcourt plus d'un rel*ais*
Pour m'apporter foin, pan*ais*,
Gland ou fève de mar*ais*....

Pudding plus ou moins ép*ais*,
Je ne trouve rien mauv*ais* ;
Comme un roi dans son pal*ais*,
Je n'ai trop chaud ni trop fr*ais*.

Je suis fin sous mon air ni*ais* :
On me porta sous un d*ais*
Quand, des bêtes à l'engr*ais*,
J'eus la croix ! Je me conn*ais*
Et vaux triple, désorm*ais*

C'est un beau triomphe !... M*ais*,
C'est triste aussi, car je s*ais*
Qu'un charcutier que je h*ais*
Guette " little pig " angl*ais* !

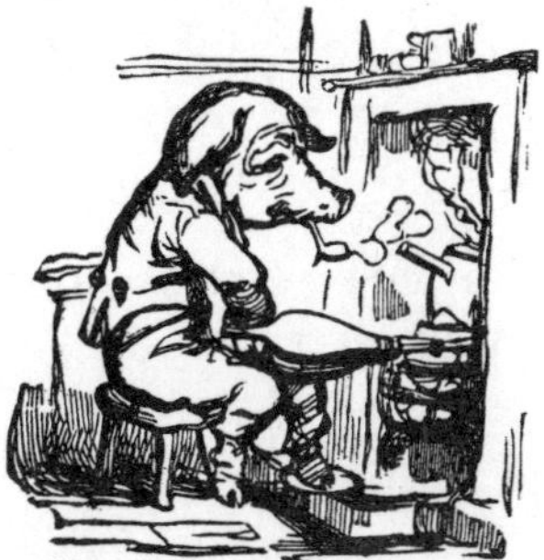

Comme un roi dans son pal*ais*.

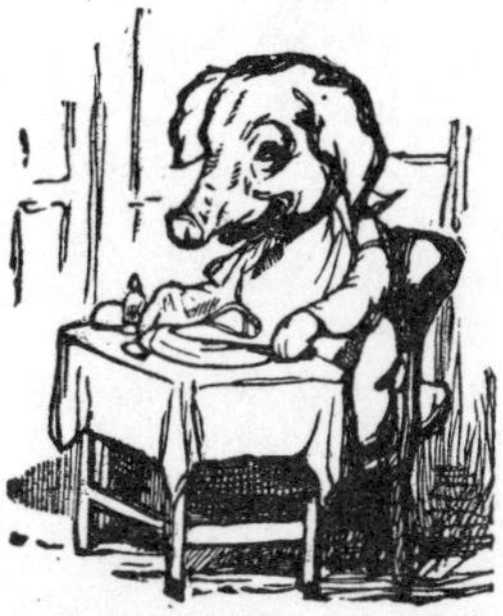

Pudding plus ou moins ép*ais*.

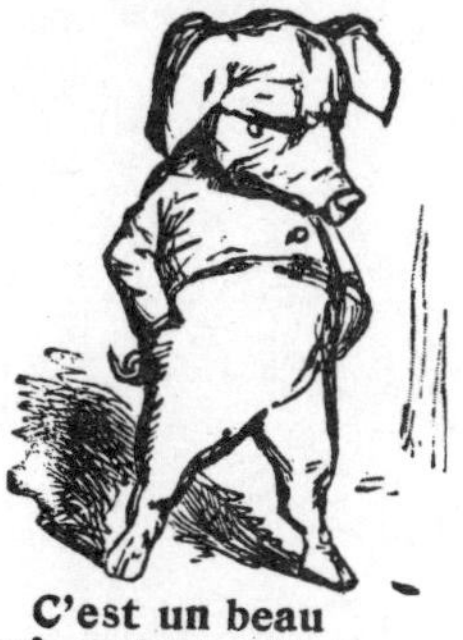

C'est un beau triomphe !... M*ais*...

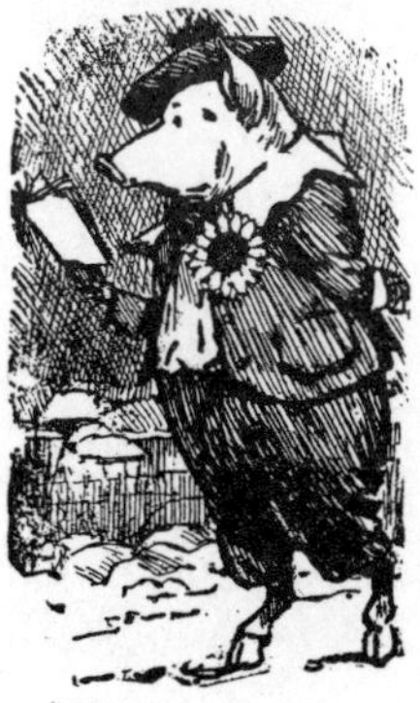

J'eus la croix.

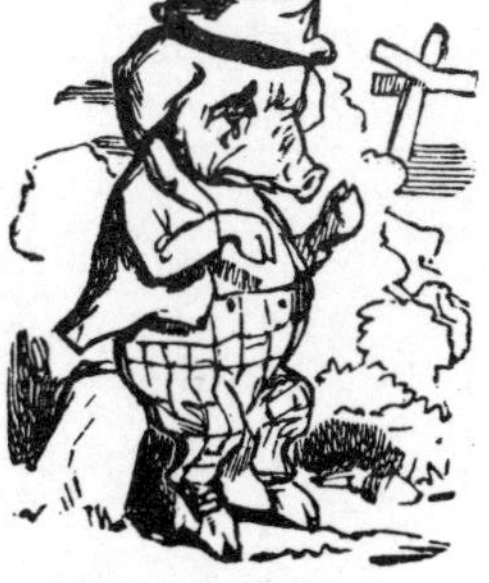

C'est triste aussi.

Solutions de p. 46. — *Mét. : A, E, A. — Log, : SIBORGANIMAR, SIABAR, SIRI, SINA, SARB, SIAIB, SAMA, SIOB, SIB, SIARAM, SRAM, SARG, SIRG, SAB, SIAR, SIBI, SIOM, SAR, SA, SARRA, SO, SORG, SRAG, SIAM.*

MOTS A COMPLÉTER

De France vient le ...çais;
D'Angleterre vient l'...glais ;
D'Écosse vient l'...sais ;
D'Irlande vient l'...dais;
De Lyon le ...nnais;
De Rouen le ...nnais

De Malte vient le ...tais;
Du Piémont le ...tais ;
D'Aragon l'...nais;
Du Japon le ...nais ;
De Java le ...nais;
Et de Nantes le ...tais;

Portugal fait ...gais ;
Hollande fait ...dais ;
Pologne fait ...nais ;
Calabre fait ...brais;
Marseille fait ...llais ;
Et Bordeaux fait ...lais.

= SS =

La casserole
La chasse
Le passage
La passoire
L'échasse
La filasse
La paillasse
La cuirasse
L'impasse
La potasse
La crasse
La compassion

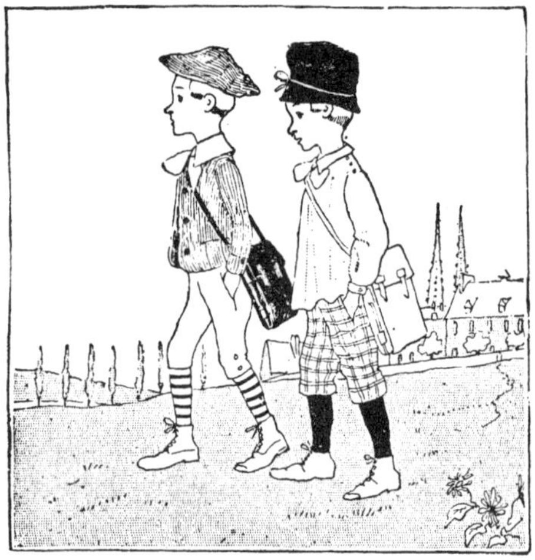

On part à temps pour la classe,
Mais en route on se prélasse.

L'ÉCOLE BUISSONNIÈRE

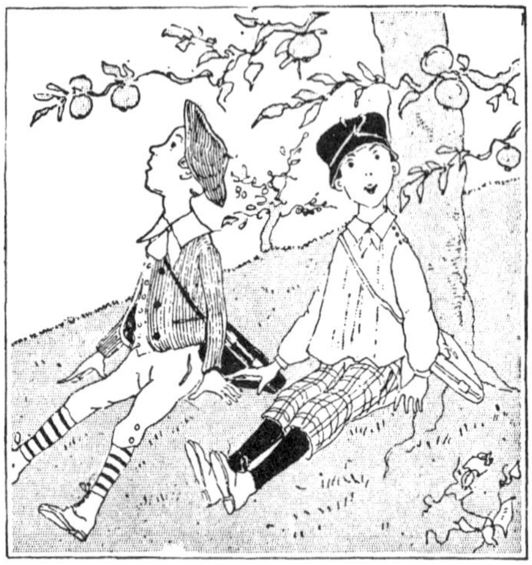

Mainte pomme est mûre et rousse,
Pour qu'elle tombe, on la pousse.

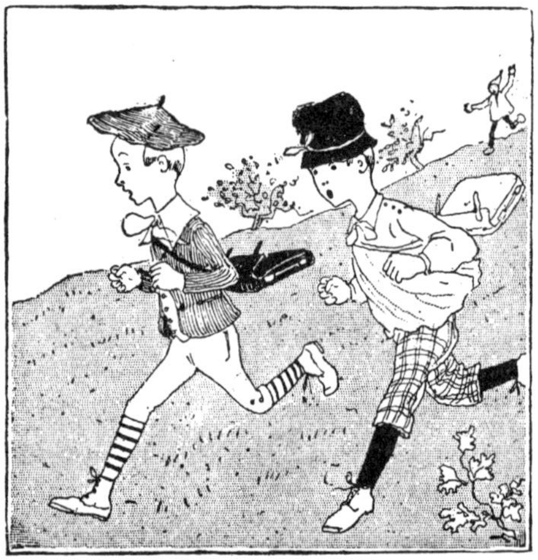

« Au voleur ! » Peur et frisson
Prennent chaque polisson.

La pelisse
La coulisse
La mélisse
La réglisse
La jaunisse
La bâtisse
La tapisserie
Le tissage
La saucisse
Le saucisson
Le hérisson
Le buisson
La permission
La palissade
La glissade

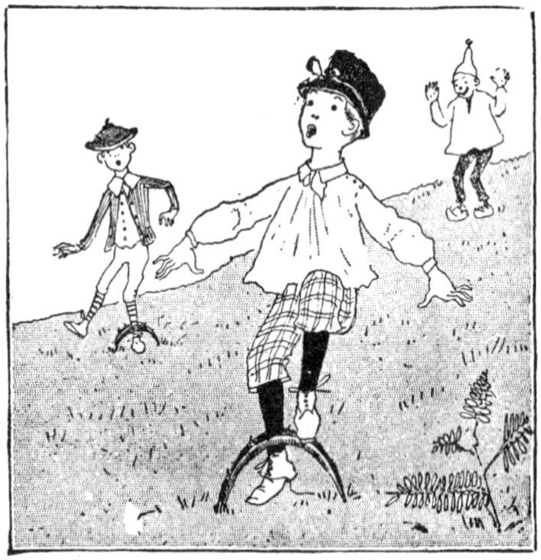

Ils fuient à toute vitesse...
Mais soudain leur course cesse...

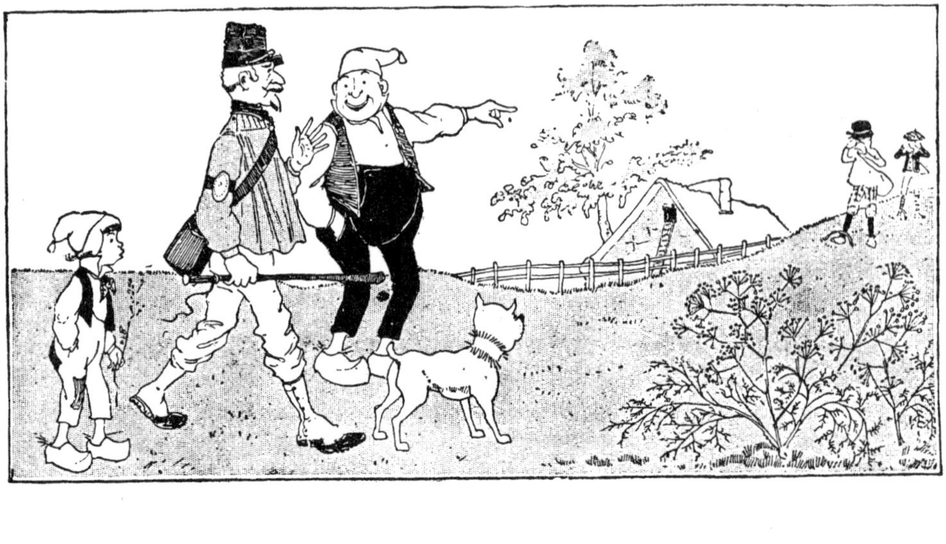

Le garde de [la paroisse
Fait sa ronde, [quelle angoisse !
Avec son petit [molosse,
Il fait des pas [de colosse,
Et le paysan [l'assure
Que son piège [est sans fissure.

= SS =

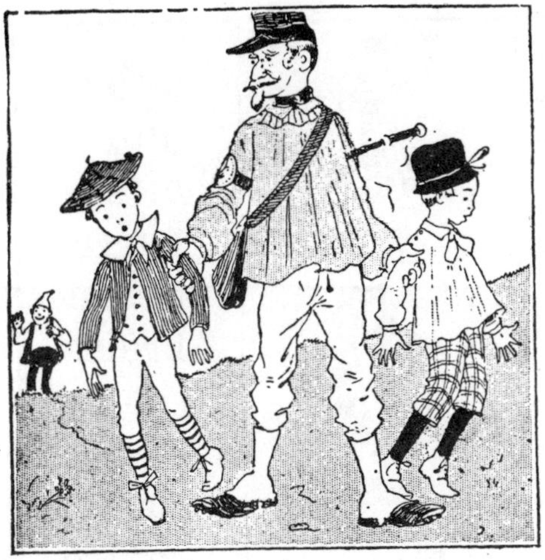

La graisse
La vaisselle
La bosse
La brosse
Le carrosse
Le professeur
La profession
Le cresson
L'essieu
L'essor
La lessive
La mousseline
La broussaille
La boussole

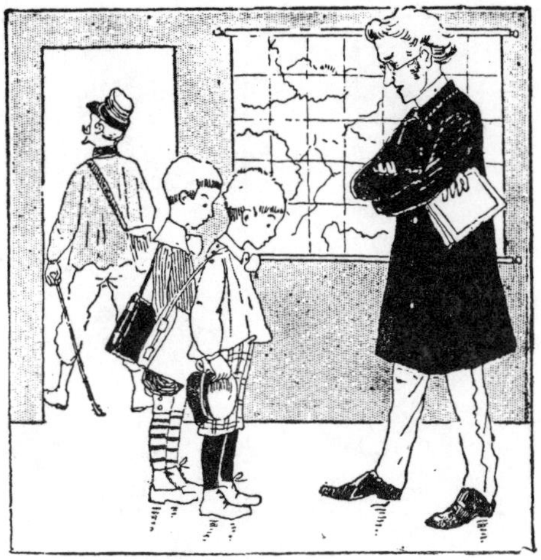

« En classe! fraude et paresse! »
Dit le garde avec rudesse.

Enfin, chez M. Narcisse,
Les voilà, rouge-écrevisse.

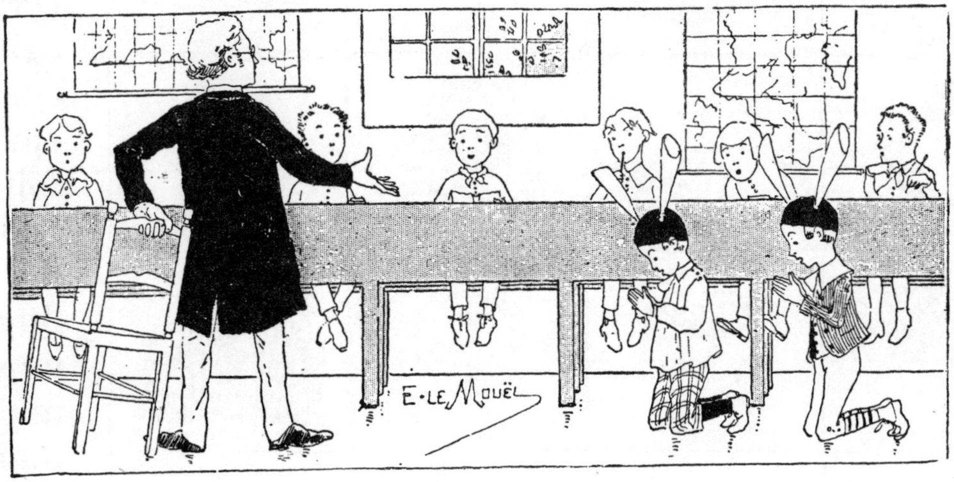

— « Maraude n'est pas prouesse.
« Et cela perd la jeunesse »,
Dit le maître avec tristesse.

Mais sous le bonnet d'ânesse
Voilà qu'ils font la promesse
D'apprendre enfin la sagesse.

MÉTAGRAMME I

Je suis l'espoir de toute plante;
Son fruit aussi; je sers de mante
Au mobilier; puis sous les pas
Je suis tapis; en dernier cas
Je suis lune qu'on n'aime pas.

LOGOGRIPHE I

Comment trouver en un carrosse:
Fruit des pois; bâton d'évêché;
Puis cheval qui manque de force;
Un purgatif; la saleté;
L'élan de l'oiseau pour voler?

LOGOGRIPHE II

Un s de moins, un s de plus
Et nul ne s'y reconnaît plus:
Le dessert devient un...
Le poisson devient du...
Le frisson devient un...
Le coussin devient un...
Le bassin devient du...
Le Russe devient une...
La rosse devient une...
Embrasser devient...
Comme casser devient...
Enfin baisser devient...

MÉTAGRAMME II

Un plaît à la glace apprêté;
Deux se dore et mûrit l'été;
Trois par le pêcheur est fêté.

CHARADE I

Mon premier, le fond du vaisseau;
Mon deux, voix qui ne va pas haut;
Mon tout, citrouille à porter [l'eau.

II

Mon un, outil de couture;
Mon deux, charmante coiffure;
Mon tout, angoisse très dure.

Solutions. — *Mét. I. ESSUOP, ESSUOG, ESSUOH, ESSUOM, ESSUOR. — Log.: I. ESSORAC, ESSOC, ESSORC, ESSOR, ESSAC, ESSARC, ROSSE. — Mét. II NOSSIOB, NOSSIOM, NOSSIOP. — Charade: I. ESSAB-ELAC. — II. ESSERT-ÉD.*

= ANAGRAMMES ILLUSTRÉS =

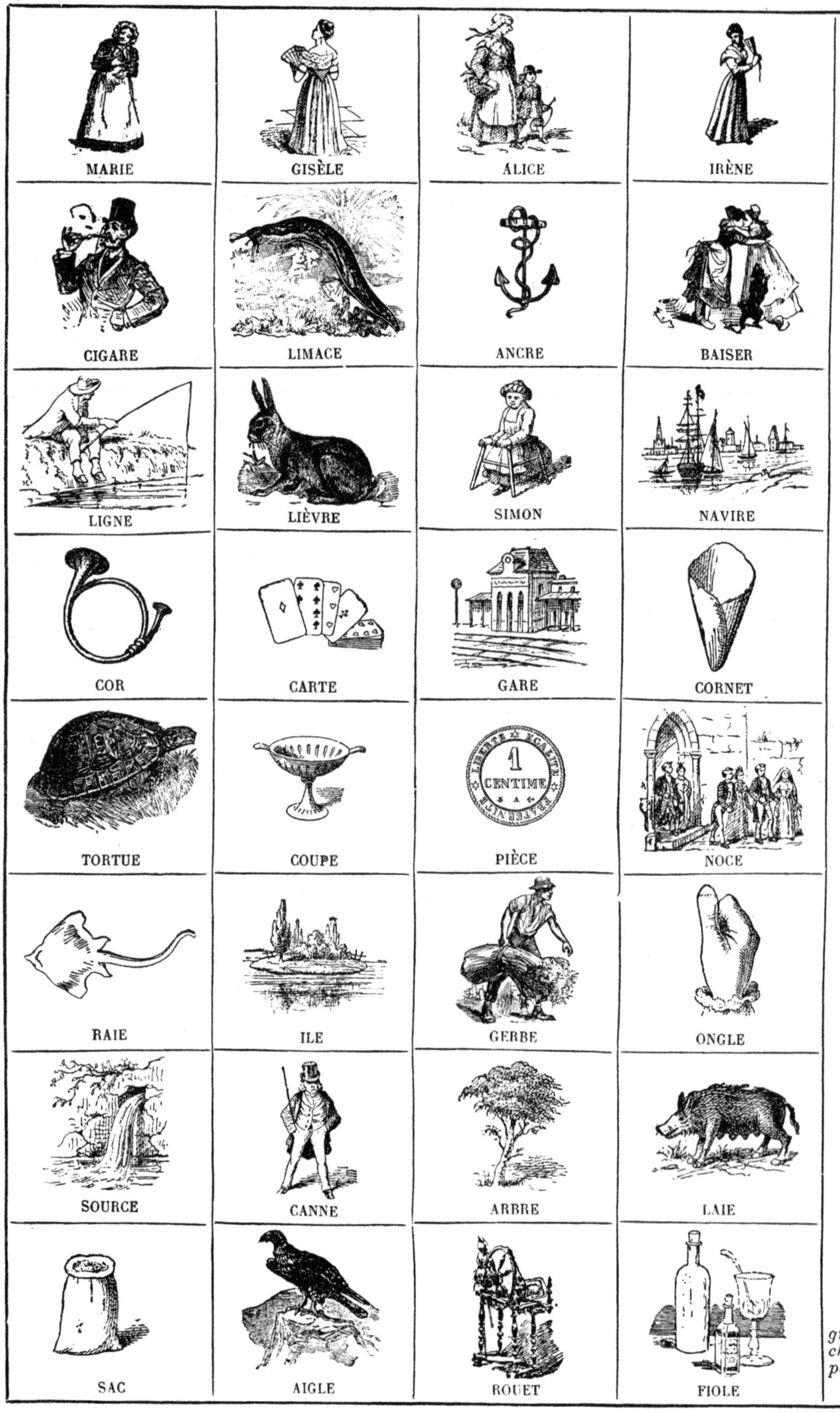

agile
aile
aire
barre
berge
braise
cas
cirage
claie
contre
course
écran
église
encan
épice
folie
levier
lie
linge
longe
maire
malice
moins
once
pouce
rage
ravine
reine
roc
route
tourte
trace

Chercher à quelle gravure correspond chacun de ces mots, par anagramme.

SUR LE CERISIER

Cet arbre est un porte-cerise…
Voyez pourtant quelle surprise,
Un gars!… Écoutez la raison :
Un beau jour de l'autre saison
(C'était pendant la fenaison),
Les enfants allaient à la fraise
Dans les bois et sur la falaise.
Un oiseau sur un cerisier
Chantait la joie à plein gosier.

« A moi le nid! » s'écrie Ambroise.
—« Allons donc, ne cherche pas noise
« Au pauvre petit oiselet… »
— « Je l'aurai, dit le marmouset. »
Il va grimpant comme au gymnase.
L'arbre s'en rit, le nid en jase,
Car une branche se brisant
Laisse le garçon malfaisant,
Soudain accroché par sa blouse,
Se balancer sur la pelouse.

Regardez-le tout à loisir,
Par pitié plus que par plaisir :
L'arbre tient bien sa marchandise,
Or, l'enfant de peur agonise ;
Il est plein d'un remords cuisant,
Et n'est nullement à son aise,
Il se voit là-haut moisissant…
Ses amis, César, Joseph, Blaise,
Crient : « Au secours » peureusement.
On les entend heureusement,
Mais le voisin a l'air morose,
Car ce n'est pas petite chose
D'arriver sans contusion
Avec hâte et précision
A décrocher cette cerise…
Le foin pourtant le tranquillise,
Le foin tendre; il en dévalise
Les environs et l'égalise
Sous le cerisier à sa guise ;

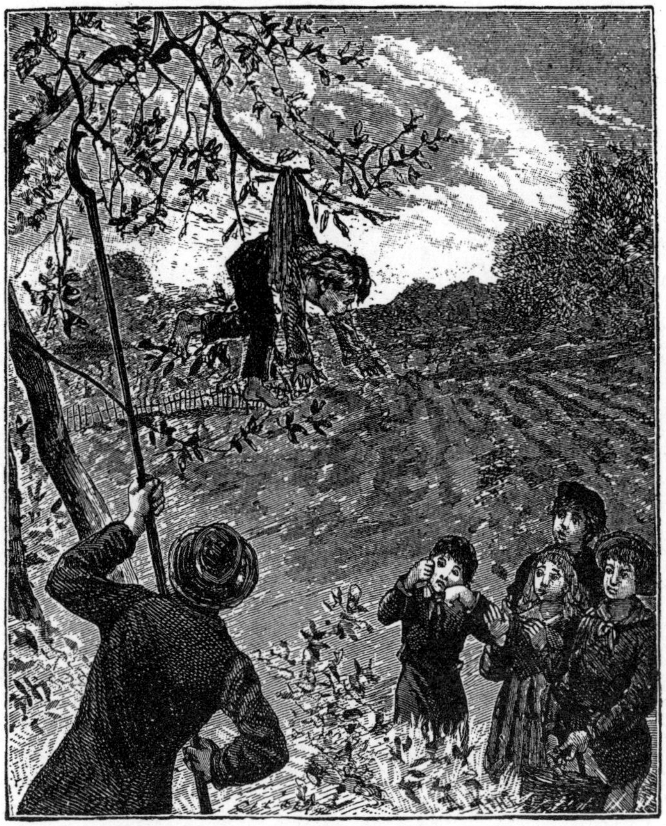

Puis il tranche blouse et chemise,
Et le garçon, sans s'écraser,
Sur l'herbe molle vient giser ;
Il se tâte : point de brisure,
Seulement quelque décousure…
« Oui, tout va bien, dit le voisin,
« Mais n'y reviens pas, mon cousin ! »

MÉTAGRAMME

Pour les arts un édifice,
Et puis un feu d'artifice.

LOGOGRIPHE I

Six pieds, je suis brûlant ;
Cinq, tiède et léger vent ;
Quatre, refroidissant,
Je suis brusque et puissant,

II

Trouver dans plaisanterie :
Confiture de vin doux ;
Cadeau ; boisson pour la toux;
Boueuse maçonnerie ;
Faire tort ; passer au poids ;
Puis continent; bord d'un bois ;
Calmer ; contraire de gêne ;
Homme d'un parti ;
Homme de Paris ;
Arbre ; contraire de peine;
Fruit du cep ; gomme des pins ;
Qui travaille de ses mains ;
Abri ; prénoms féminins ;
Tour penchée en Italie ;
Moquerie ;
Etc., etc.

Solutions. — *Métag.* : EÉSUM, EÉSUF. — *Log. I.* ESIARB, ESIRB, ESIB. — *II.* EIRETNASIALP, ÉNISIAR, TNESÉRP, ENASIT, ÉSIP, RESÉL, REREP, EISA, ERÈISIL, RESIAPA, ESIA, NASITRAP, NEISIRAP, REISILA, RISIALP, MISIAR, ENISÉR, NASITRA, ELISA, ESILE, ASILE, ESIL, ESIP, EÉSIR.

JEU DES FINALES

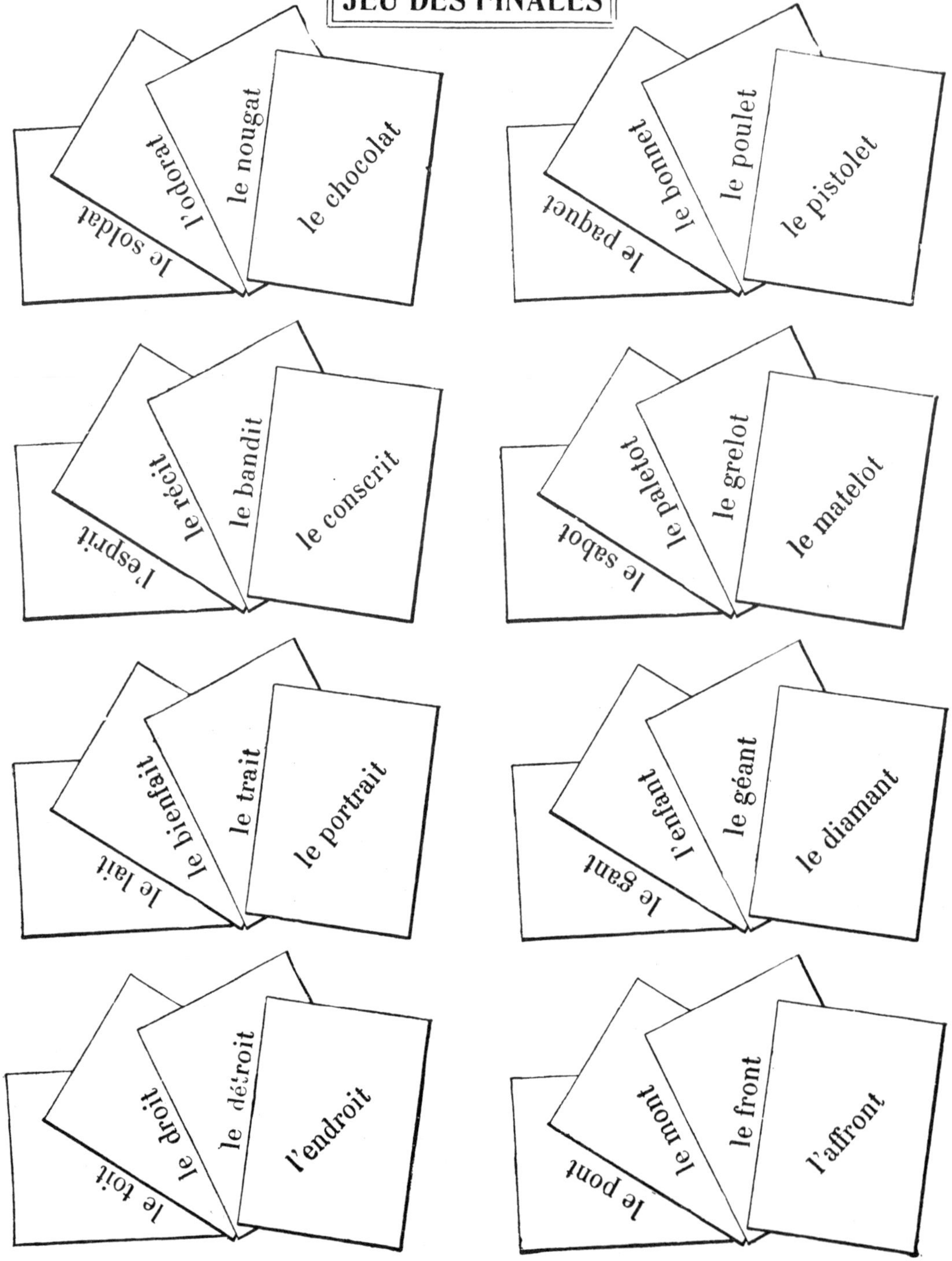

Inscrivez chacun de ces mots sur une petite carte. Brouillez et distribuez jusqu'à ce qu'il ne reste rien. Chaque joueur regarde alors ses cartes et pose devant lui, deux par deux, celles qui ont le même son final. Ainsi le front *et le* pont*; le* gant *et le* géant, *etc.*

Le premier joueur présente alors les cartes qui lui restent à son voisin de gauche qui en prend une et ainsi jusqu'à ce que chaque carte ait trouvé sa compagne, chaque joueur ôtant toujours de son jeu les cartes qui viennent faire paire avec les siennes. — Le premier qui a les mains vides a gagné.

Le même jeu peut se faire sur toutes sortes de finales, **as, os, is, us, aud, ard,** *etc.*

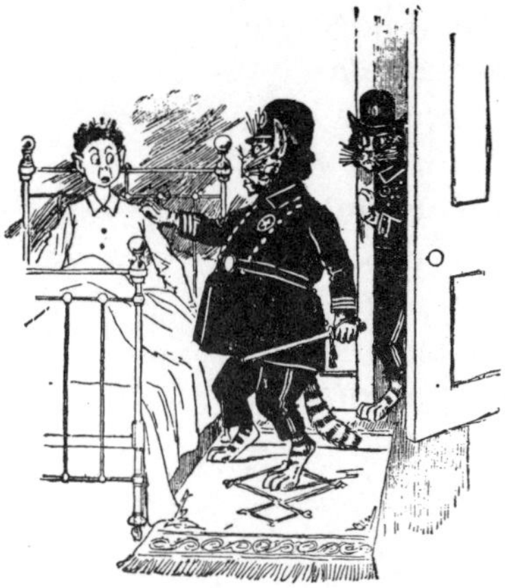

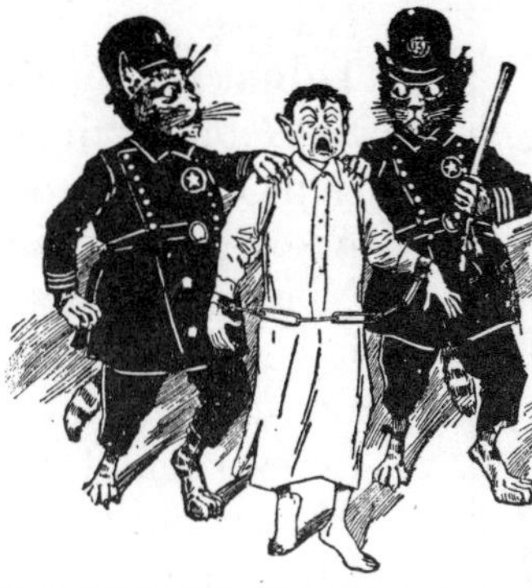

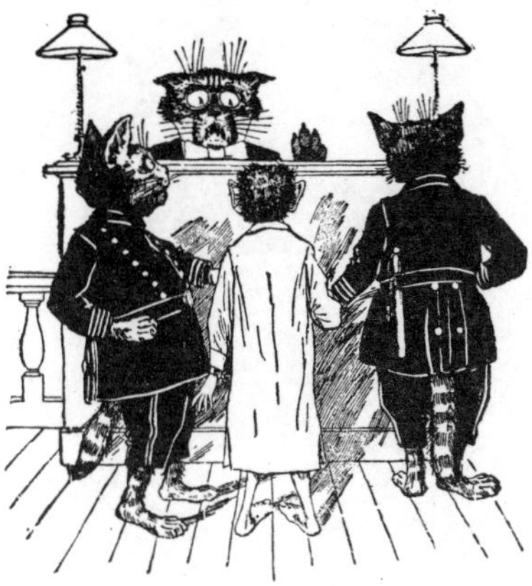

AU CHAT ! AU CHAT !

Tout en dormant, l'autre nui*t*,
J'aperçus, près de mon li*t*,
Deux grands chats venus sans brui*t*.
Or, pour moi, le peuple cha*t*
Est un peuple scélérа*t*.
L'un, dodu comme un géan*t*
Et fort comme un éléphan*t*,
M'empoigna tel un ballo*t*;
L'autre me dit : « Pas un mo*t*,
« Et qu'on aille d'un bon tro*t*. »
— « En chemise ! c'est gênan*t* »,
Murmurai-je, tout tremblan*t*.
— « Monsieur voudrait canne et gan*t*,
« Une fleur à son habi*t* :
« C'est un garçon plein d'espri*t*...
« Oust ! en marche et ça suffi*t*. »
Ciel ! le commissaria*t*
Et voilà le magistra*t*;
C'est encore un cha*t*. Il di*t* :
« Qu'est cet homme et son déli*t* ? »
— « Chef, c'est un futur força*t*,
« Déjà plein d'assassina*t* :
« D'abord, il conte partou*t*
« Qu'il a les chats en dégoû*t*;
« Il nous nomme, en son argo*t*,
« Maudits voleurs de frico*t*....
« S'il manque un os au gigo*t*,
« Une aile à la poule au po*t*,
« Il nous accuse aussitô*t*.
« Il croit avoir découver*t*
« Que nous touchons au desser*t*.
« Enfin, quand il aperçoi*t*
« Un cha*t* rêvant sur son toi*t*,
« Vite, il lui promet la mor*t*
« Et va chercher pour renfor*t*
« Son grand fusil à ressor*t*,
« Puis il vise au bon endroi*t*,
« Et s'il n'était maladroi*t*... »
— « Je demande un avoca*t* »,
M'écriai-je avec écla*t*.
— « Prévenu, c'est un affron*t* »,
Dit le chef, « outrage don*t*
« Tu vas pâtir : Au cacho*t* !
« Lieu de ra*t* et d'escargo*t*... »

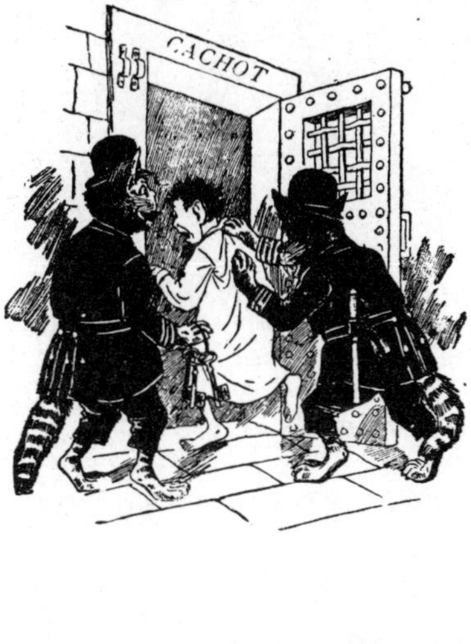

Le chef et son substitu*t*
Me poussent... C'est mon salu*t*
Car soudain, dans le comba*t*,
Je tombe de mon graba*t* :
C'était un rêve... Viva*t* !

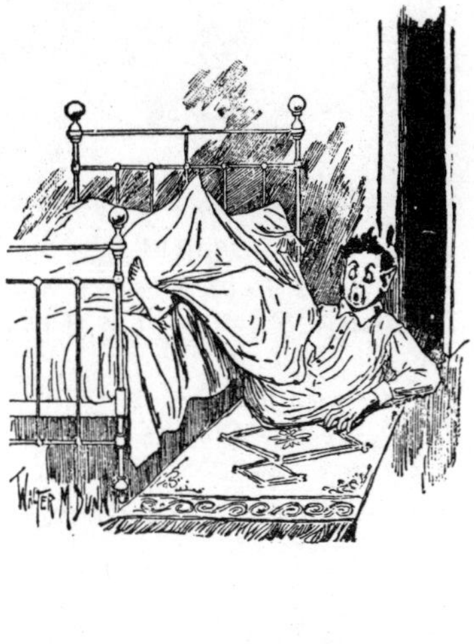

LOGOGRIPHE

Sur cinq pieds, ce qui contraint ;
Quatre, contraire de nain ;
Et trois, habit de la main.

ANAGRAMME

Pour m'acheter au bijoutier,
Brouillez : voilà de quoi payer.

Solutions. — *Log. : TNANÉG, TNAÉG, TNAG. — Anag. TANERG, TNEGRA.*

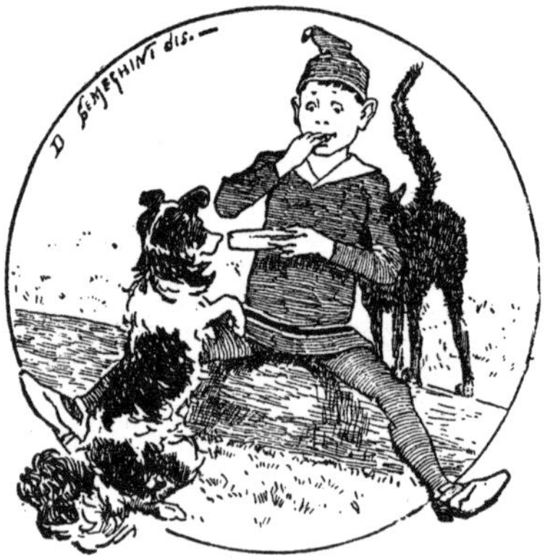

LA GALETTE

L'autre jour, assis sur l'herb*ett*e,
Toinet mangeait une gal*ett*e,
Se régalant de son empl*ett*e
Sans en donner la moindre mi*ett*e
A son jeune chien Piroue*tt*e,
Ni même à Caro*tt*e, sa cha*tt*e.
Caro*tt*e est leste de la pa*tt*e
Comme un enfant de sa meno*tt*e·
Le morceau tente sa queno*tt*e,
Et sans cuillère ni fourche*tt*e,
Elle prend la tarte molle*tt*e...

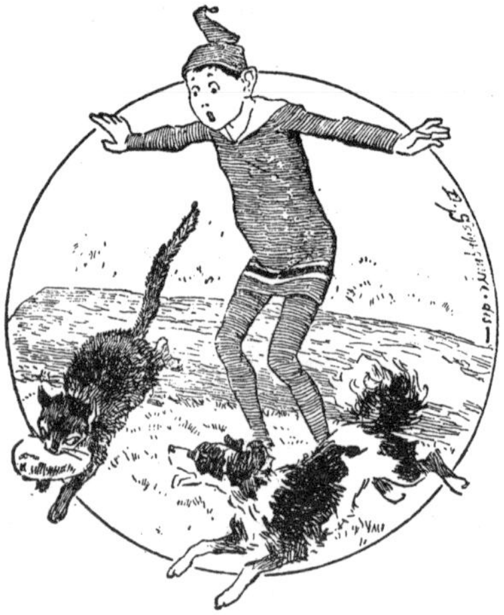

Aussi rouge que sa calo*tt*e
(Sa calo*tt*e est couleur grio*tt*e),
Mon Toinet court après Mine*tt*e
Et fait lâcher la tartele*tt*e ;
Mais Piroue*tt*e, qui la gue*tt*e,
Sans façon la prend dans la cro*tt*e;
Avec elle, à son tour il tro*tt*e.
A la course, le trio lu*tt*e,
On descend et monte la bu*tt*e ;
A la fin, malgré cro*tt*e et mo*tt*e,
Le couple de fripons gigo*tt*e,
Là, Piroue*tt*e, ici Caro*tt*e...
Mais hélas ! il ne reste mie*tt*e,
Monsieur Toinet, de ta gale*tt*e.

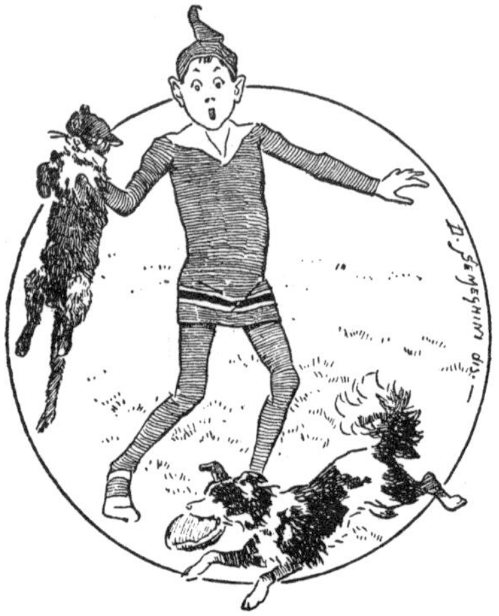

DIMINUTIFS

Cloche fait cloche*tt*e,
Et broche, broche*tt*e ;
Poule fait poule*tt*e,
Et boule, boule*tt*e ;
Pince fait pince*tt*e,
Et lance, lance*tt*e,
Casque fait casque*tt*e,
Et plaque, plaque*tt*e ;
Fille fait fille*tt*e,
Et paille, paille*tt*e ;
Col fait collere*tt*e,
Et fleur fait fleure*tt*e.

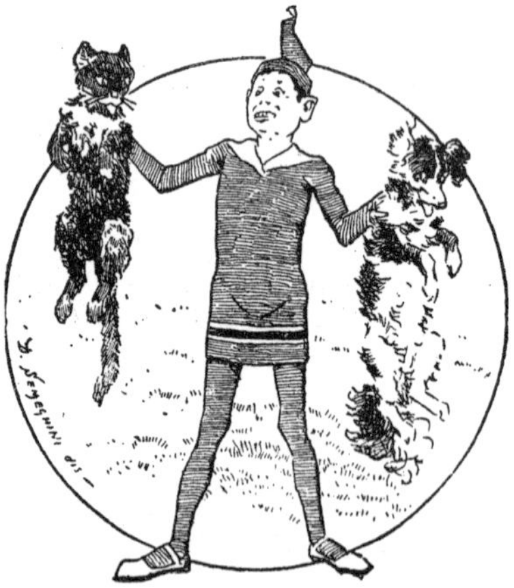

ANAGRAMME

Neuf pieds, je pleure souvent;
Brouillez, je tourne à tout vent.

CHARADE

Un, lieu de jeu d'écolier;
Deux, légume familier;
Révérence, mon dernier.

LOGOGRIPHE

Tirez d'oiseau singulier:
Le panier du chiffonnier;
Une espèce de cabane;
Un jupon de paysanne;
Un port sur étang et mer;
Un lac salé du désert.

MÉTAGRAMME

D'abord sabre d'Arlequin;
Puis fruit brun très africain;
Parfois vase plein de crème;
Morceau de bois plat et long;
Tapis de paille et de jonc;
Pied d'oiseau, d'insecte même.

Solutions. — *Anag. : ERÈITTUOG, ETTEUORIG.* — *Charade : ETTEB-RUOC.* — *Log. : ETTEUOHC, ETTOH, ETTUH, ETTOC, ETTEC, TTOHC.* — *Mét. : ETTAB, ETTAD, ETTAJ, ETTAL, ETTAN, ETTAP.*

Le CIVET du PRÉFET

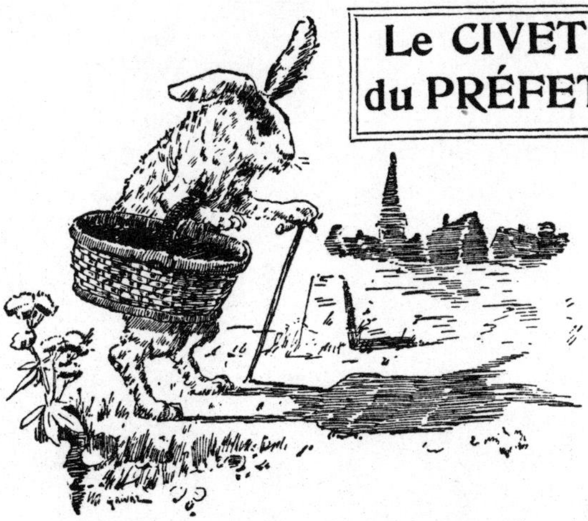

Était-ce au temps du mugu*et*?
Non, mais au temps du civ*et*...
Dans les champs, dans la for*êt*,
Partout lac*et* et fur*et*,
Et fusil ou pistol*et*,
Car, chez Monsieur le Préf*et*,
On donnait un grand banqu*et*.

— « Ça, dit Jeannot le cad*et*,
Nous tremblons tous en secr*et* :
Plus de goût au serpol*et*...
Eh bien! Frères, je suis pr*êt*
A m'immoler sans regr*et*
Pour vous, et, par ricoch*et*,
Pour la gloire du buff*et*.
Je suis jeune et rondel*et*,
J'aurai même du fum*et* ;
Oui! j'ai là, dans mon paqu*et*,
Ma poivrade et... du toup*et* ;
Et je promets au gourm*et*
Le plus étonnant civ*et*....
Courage! » — Il part d'un seul j*et*.

On s'arrache le duv*et*
Et l'on pleure à son suj*et* ;
Quant à lui, notre pauvr*et*,
Il trotte tout le traj*et*,
En méditant son proj*et* ;
Et si la chance perm*et*,
Il reverra son bosqu*et*....
— Or, chez Monsieur le Préf*et*,
Il arrive sans arr*êt*.
Ne rencontrant nul val*et*,
Il entre par un guich*et*,

Et vite, il bat le briqu*et*,
Attise avec le souffl*et*,
Pêle carotte et nav*et*,
Puis apprête le bouqu*et*,
Et met tout dans le baqu*et*.

Soudain, coiffé du bonn*et*,
M. Vatel, fort repl*et*,
Paraît et reste mu*et*...
Il croit voir un farfad*et*.
Or, Jeannot, d'un air discr*et*,
Verse un peu de vin clair*et*
Et, dessus la sauce, m*et*...
Sa photographie, obj*et*
Qu'il a toujours au gouss*et*,
Puis il dé- tale.... En eff*et*,
Que manque-t-il au civ*et* ?

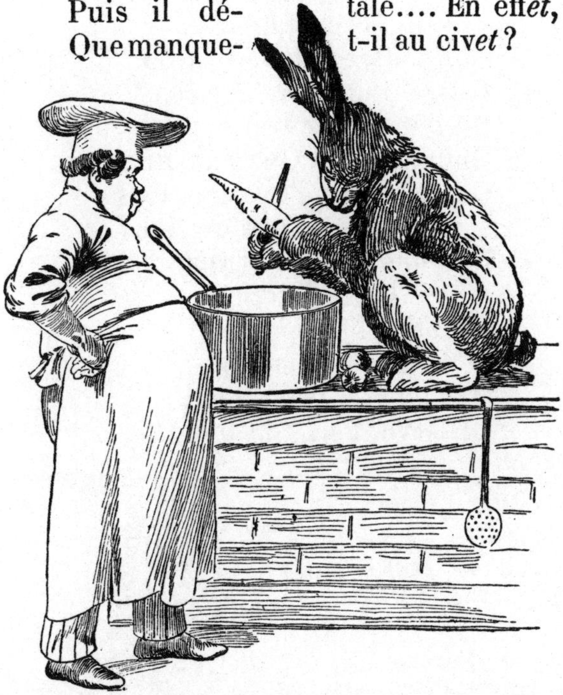

MÉTAGRAMMES

J'ai deux têtes à mon service :
Par l'une je suis hameçon ;
Avec l'autre je suis poisson ;
Et voilà toute ma malice.

II

De l'enfant je fais le plaisir ;
Puis je cause pleurs et soupirs ;
Je file enfin pour vous vêtir.

III

Six pieds, je tue à mon passage ;
Changez : la broche est mon partage.

Solutions. – *Mét. I. TEHCORC, TEHCORB. – II. TEUOJ, TEUOF, TEUOR. III. TELUOB, TELUOP.*

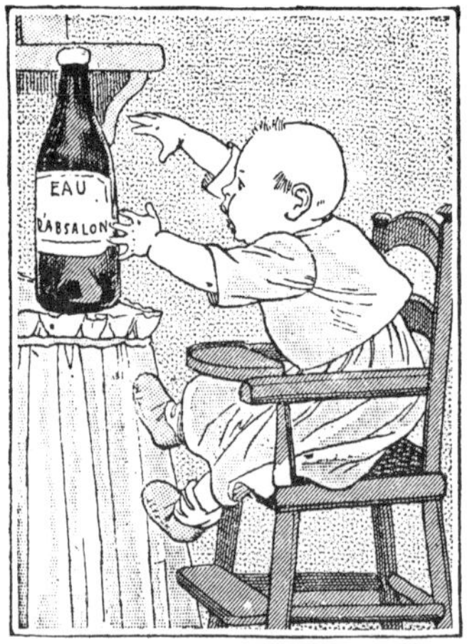

ANTI-CALVITIE

Bébé : « De cette lo*t*ion
« Versons-nous une por*t*ion ;
« Versons fort, c'est l'essen*t*iel,
« Bain complet et non par*t*iel...
« Bientôt, quelle admira*t*ion,
« Quand on verra ma calvi*t*ie
« S'en aller sans péripé*t*ie.
« La barbe est mon ambi*t*ion...
« J'en aurai ! Jubila*t*ion !
« Si jeune ! Quelle excep*t*ion !
« Pour une bien moindre ac*t*ion
« On est mis au dic*t*ionnaire... »

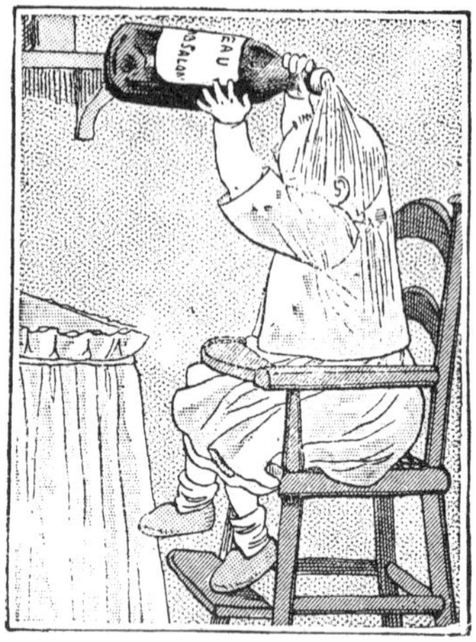

Calme comme un fac*t*ionnaire,
Il attend sans distrac*t*ion,
Et sent la végéta*t*ion
Qui pousse à la perfec*t*ion.
Est-ce d'un noir égyp*t*ien ?
Ou d'un rouge véni*t*ien ?
Qu'importe... On vient ! Atten*t*ion !...
Quel concert d'exclama*t*ions !
C'est peut-être une ova*t*ion ?...
Nullement : Consterna*t*ion !
Décep*t*ion ! Afflic*t*ion !
Vexa*t*ion ! Crispa*t*ion !
Telle est la situa*t*ion !...
Maman avec précau*t*ion
Observe, non sans minu*t*ie,
Barbe et cheveux, puis balbu*t*ie :
« Ciel ! quelle transforma*t*ion,
« O cher trésor d'affec*t*ion ! »
Sœur dit : « Félicita*t*ion ! »
Grand'mère est émo*t*ionnée,
Presque révolu*t*ionnée...
Avec exaspéra*t*ion,
Papa s'écrie impar*t*ial :
« Barbe d'ancêtre, air mar*t*ial,
« C'est un monstre en réduc*t*ion,
« Et bon, sans hésita*t*ion,
« Pour la décapita*t*ion !... »

Puisse une autre décoc*t*ion
Leur donner consola*t*ion !

MÉTAGRAMME

Sur ll, rassemblement;
Et sur rr, châtiment.

ÉNIGME

Je dois l'avouer : ici
C'est le monde renversé;
Jeudi précède lundi,
Vendredi suit samedi,
Enfin, mi précède ré,
Et le café, le rôti !

LOGOGRIPHE

D'un fonctionnaire
Tirer : terre entière;
Peuple; manquement;
Vile odeur; fragment;
Savoir commençant;
Acte et son contraire;
Fable; frottement;
Guet; peu d'aliment :
Et désistement.

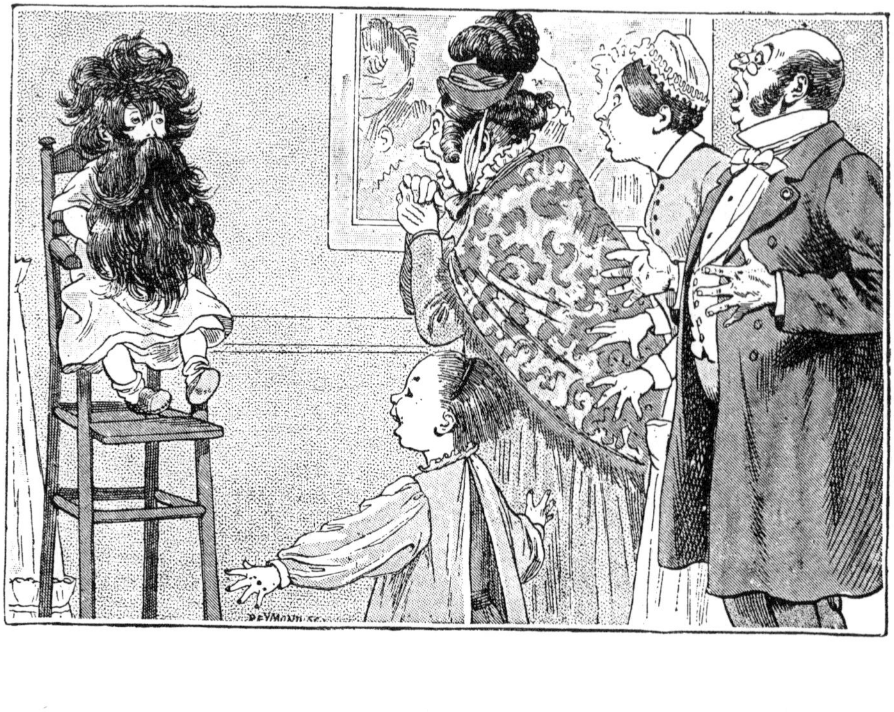

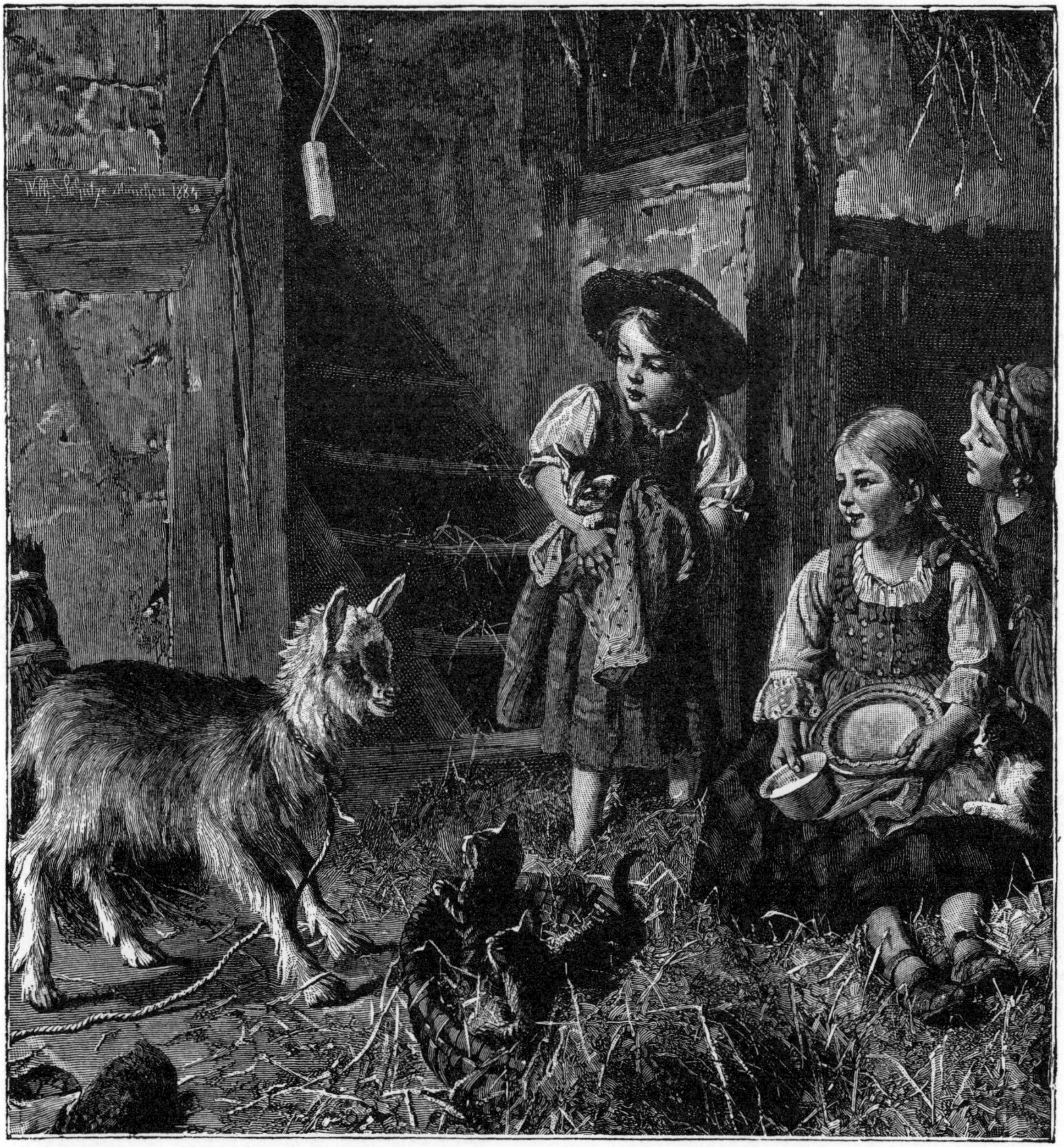

SANS INVITATION...

Cabri s'impa*T*ientait dans son étable : il entendait du bruit dans l'habita*T*ion et il tirait fort sur sa corde, en pensant avec indigna*T*ion : « Je devrais être en récréa*T*ion depuis longtemps. » — Crac, le voila libre, sans condi*T*ion.

Il commence un voyage d'explora*T*ion minu*T*ieuse qui l'amène chez les chats.

Protesta*T*ions de ceux-ci : « Quel est ce préten*T*ieux animal ? Vient-il sans invita*T*ion déjeuner avec nous ? Quelle indiscré*T*ion !

— Oh ! répond Cabri d'un ton confiden*T*iel, vous êtes des chatons sans éduca*T*ion, car vous me regardez comme si j'arrivais dans une planta*T*ion de jeunes arbres.... Je n'ai pas encore déjeuné, c'est vrai, et c'est essen*T*iel pour ma santé que je fasse de bonne heure un repas substan*T*iel, mais je ne veux pas votre patée, j'aime mieux ma por*T*ion de trèfle.

Solutions de page 56. — *Mét.* *NOITCELLOC, NOITCERROC.* — *Énigme : ERIANNOITCID.* — *Log. : ERIANNOITCNOF, NOITAÉRC, NOITAN, NOITCARFNI, NOITCEFNI, NOITCARF, NOITON, NOITCA, NOITCANI, NOITCIF, NOITCIRF, NOITCAF, NOITAR, NOITAICNONER.*

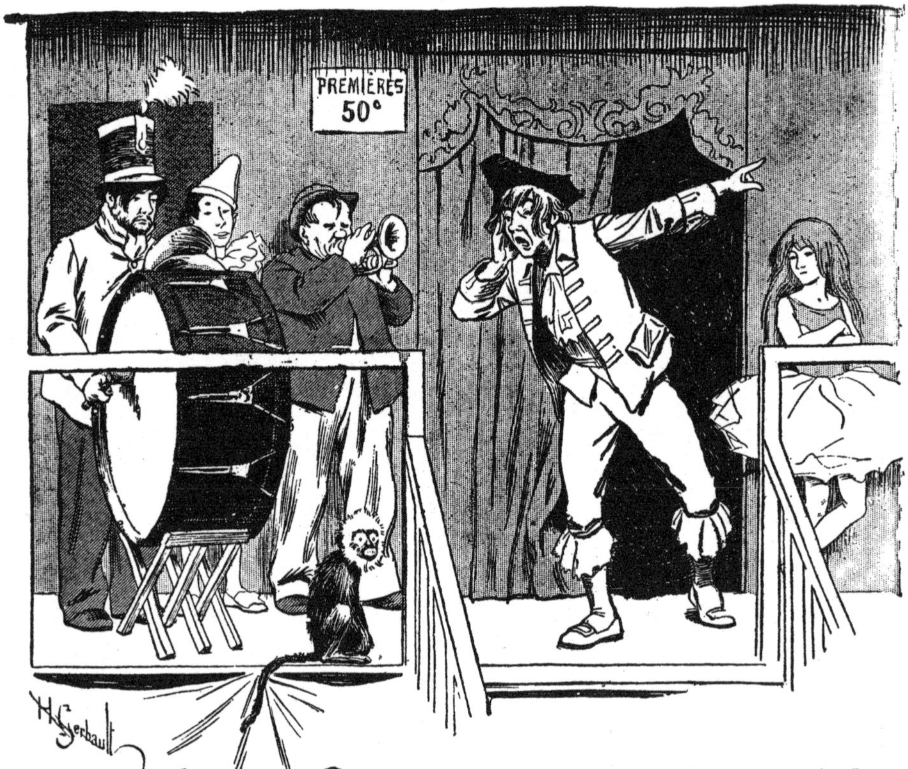

CHARADE

Un, touffe végétale ;
Deux, teinte lilas pâle ;
Tout, pâte pectorale.

MÉTAGRAMME

Change trois fois :
Bijou des doigts ;
Poignard tranchant ;
Et flot mouvant.

LOGOGRIPHE

Tirer d'une fleur :
Tout l'art d'un docteur ;
Loge à sentinelle;
Chausse sans semelle ;
Assauts et batailles ;
Terrain sans semailles;
Sorte de violon ;
Lieu d'eau peu profond;
De beaucoup contraire ;
D'un veilleur l'affaire ;
Plante parasite...
Tout en marguerite.

Solutions. — *Char. :* ***EVUAM-IUG.*** *Métag. :* ***EUGAB, EUGAD, EUGAV,*** — *Log. :* ***ETIREUGRAM, RIRÉUG, ETIRÉUG, ERTÈUG, ERREUG. TERÉUG, ERATIUG, ÉUG, ERÈUG, TEUG, IUG.***

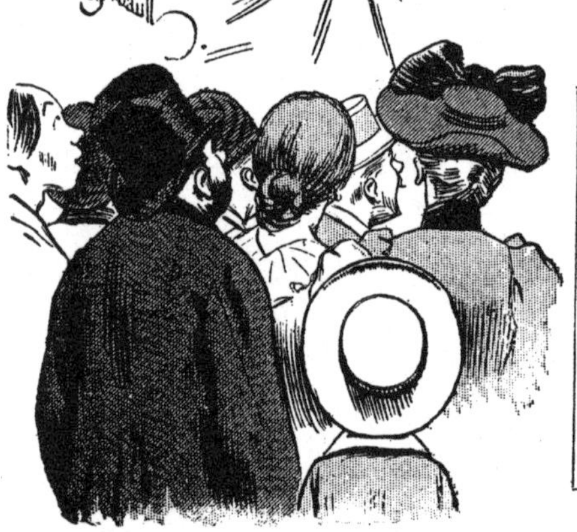

CHEZ GUILLAUME

— A la foire, chez G*u*illaume
En suçant de la g*u*imauve
On peut ouïr la harang*u*e
D'un perroquet bonne lang*u*e.
Puis, on entend son collèg*u*e,
Un perroquet un peu bèg*u*e,
Qui, cent fois, dit sans fatig*u*e:
« Une fi-fi-fi-fi-fig*u*e. »
On voit un cheval foug*u*eux
Qui, le poil long et rug*u*eux,
Vient jouer un morceau d'org*u*e
En saluant avec morg*u*e.

Puis, on voit danser la gig*u*e,
A la famille Rodrig*u*e,
Beaux singes de Saint-Doming*u*e,
Que l'on aime et l'on disting*u*e
Pour leur esprit, leur vig*u*eur,
Leur souplesse et leur long*u*eur.

Chacun d'eux sait conjug*u*er
Le verbe se dég*u*iser :
En chasseur, l'un va g*u*etter
Le gibier dans le g*u*éret ;
Hélas ! le pauvre g*u*errier
Met le pied dans un g*u*êpier,
Et se tord comme une ang*u*ille
En secouant sa g*u*enille.
L'autre fait un g*u*itariste ;
Un autre joue au drog*u*iste
Au chevet d'un jeune dog*u*e ;
Il lui fait prendre une drog*u*e
Atroce, pour le g*u*érir...

— Mon discours vous fait lang*u*ir ?
Entrez plutôt chez G*u*illaume,
Achetez de la g*u*imauve,
Et vous rirez sans fatig*u*e
D'un bon rire inexting*u*ible !

Jeune mousse et sans laq*u*ais,
Un jour, j'errais sur les q*u*ais
De la lointaine Amériq*u*e,
Quand je vis avec musiq*u*e
S'avancer q*u*atre Iroq*u*ois,
Avec piq*u*es et carq*u*ois ;
Ils avaient un air narq*u*ois.
Soudain, il en vint q*u*arante,
Q*u*arante-cinq ou cinq*u*ante,
Une immense q*u*antité,
Tous de bonne q*u*alité.
L'un me dit : « Pas de q*u*artier !
« Tu périras ce q*u*antième

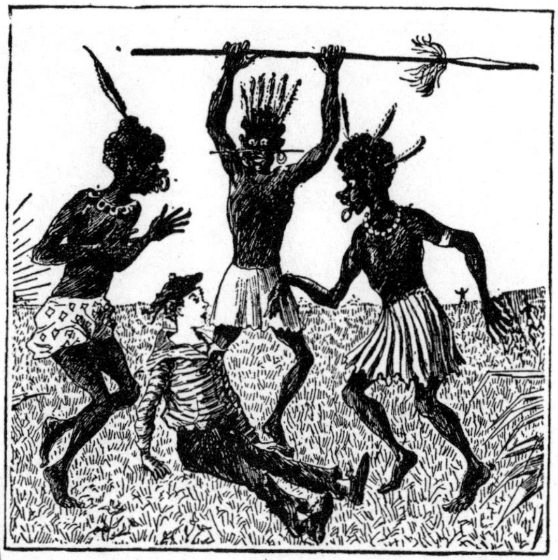

ENCORE une CRAQUE de M. de CRAC

« Et seras le q*u*arantième ;
« Réjouis-toi, ta défroq*u*e
« Sera mangée à la coq*u*e. »
Fier comme un coq*u*elicot,
Je dis : « C'est un q*u*iproq*u*o,
« Dispersez-vous sans répliq*u*e,
« Ou, des enfants d'Amériq*u*e,
« Je fais un grand piq*u*e-niq*u*e... »
A ces mots, q*u*elle paniq*u*e,
Mes enfants, c'était comiq*u*e !

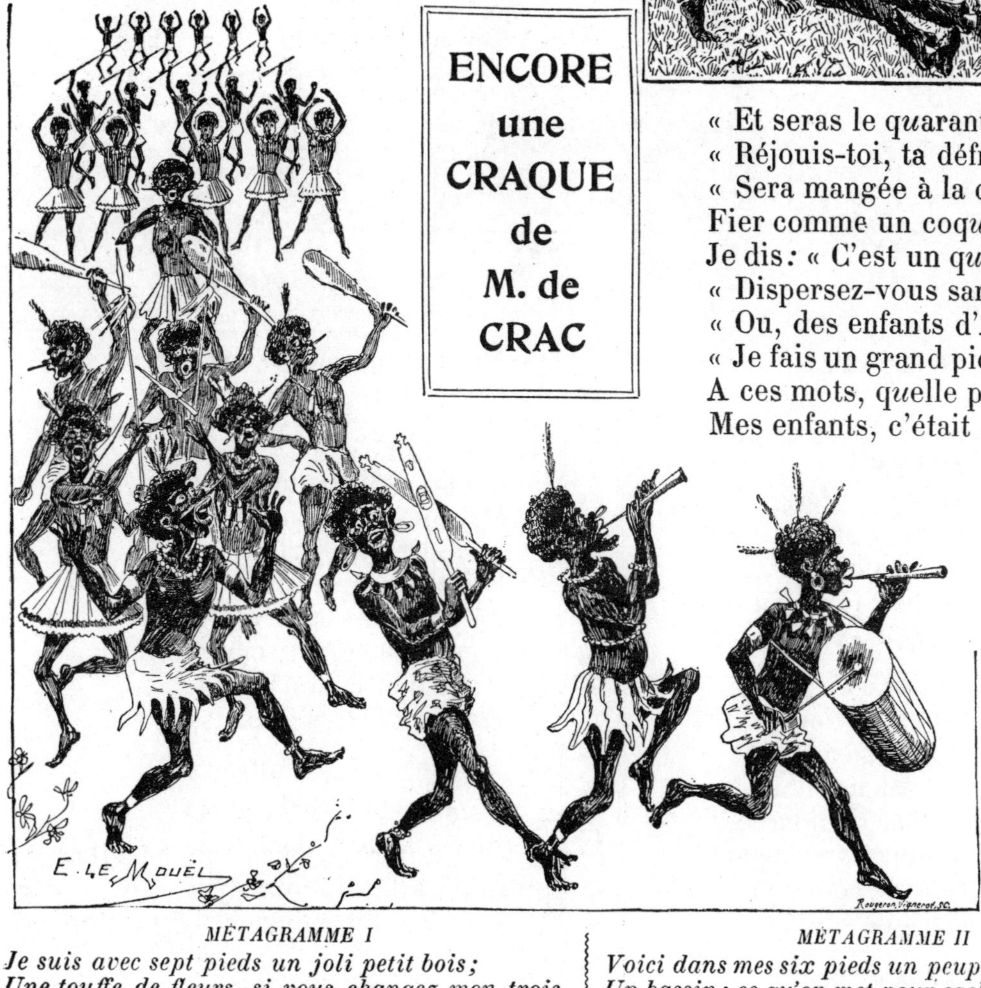

Note.

1° **quaire, caire.** *3 mots seulement ont la terminaison* **quaire** :

l'antiquaire
la moustiquaire
le reliquaire.

2° **quable, cable.** *5 mots ont la terminaison* **quable** :

attaquable
critiquable
remarquable.
remorquable
risquable

MÉTAGRAMME I

Je suis avec sept pieds un joli petit bois;
Une touffe de fleurs, si vous changez mon trois.

MÉTAGRAMME II

Voici dans mes six pieds un peuple ; une coiffure ;
Un bassin; ce qu'on met pour cacher la figure.

LOGOGRIPHE I

Sept pieds, sans être bâtisse
Je peux être logement ;
Sans mon cœur sur l'eau je glisse
Bercé des flots et du vent.

LOGOGRIPHE II

Tirer d'un coquelicot :
Enveloppe d'œuf ; lambeau ;
Puis la plus simple serrure ;
Bonnet d'avocat ; enflure ;
Piquant insecte ; enrayure ;
Gens de peu ; bonnet d'enfant,
Qui veut plaire en se parant ;
Quatre pronoms relatifs.
Et malaise intempestif.

Solutions. — *Métag. : I. TEUQSOB, TEUQUOB. — II. EUQSAB, EUQSAC, EUQSAV, EUQSAM. — Log. : I. EUQARAB, EUQRAB. — II. TOCILEUQOC, EUQOC, EUQOL. TEUQOL, EUQOT, EUQOLC, EUQIT, TEUQILC, EUQILC, TEUQOT, TEUQOC, IUQ, EUQ, IOUQ, LEUQ, EUQILOC.*

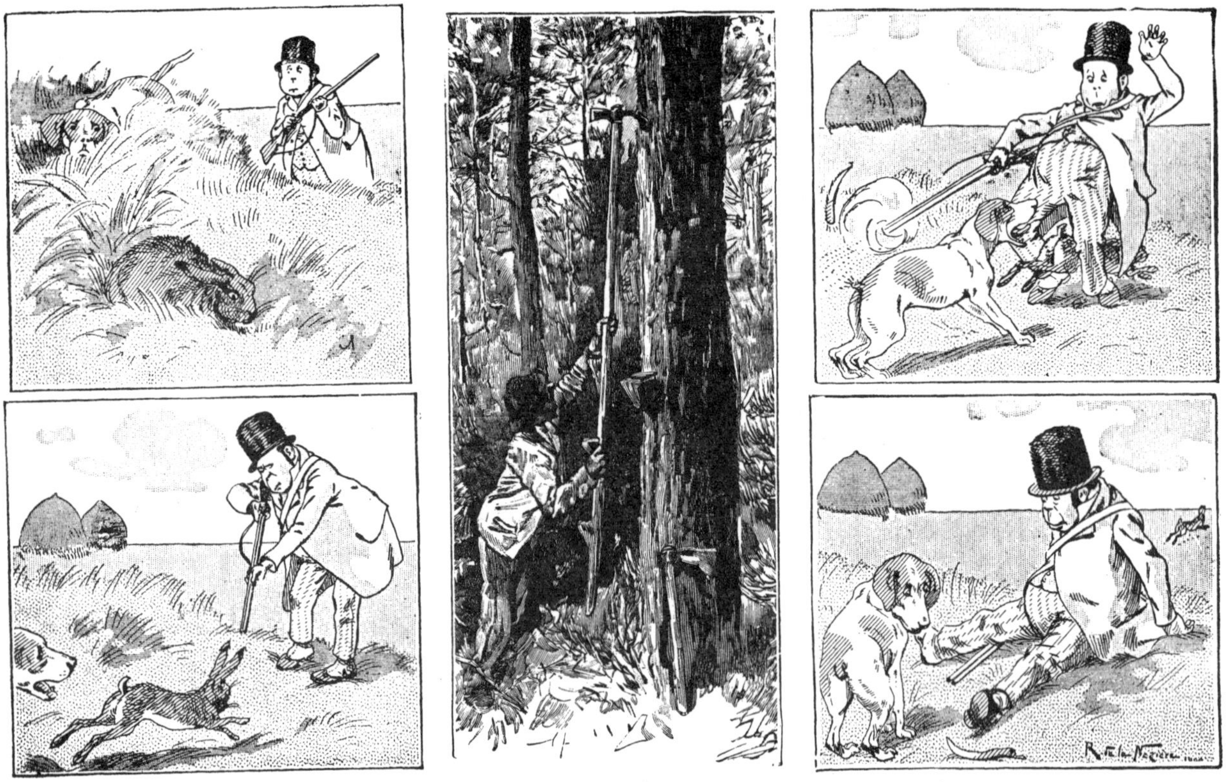

POIX ET PIN RÉSINEUX

Dans les environs de Da*x*,
A son vaillant chien Aja*x*,
Un jour, monsieur Quincampoi*x*
Dit avec sa grosse voi*x* :
« Allons chasser la perdri*x*,
J'en tûrai bien cinq ou si*x*... »
— « Ou peut-être même di*x*,
Et quelque lièvre de pri*x*, »
Dit madame à son épou*x*.

— « Surtout, lui crie un jalou*x*,
D'un ton plutôt aigre-dou*x*,
Prenez un fort portefai*x*,
De ceux portant à leur choi*x*
Sac de chau*x* et sac de noi*x*. »
— « Ça, qu'on me laisse la pai*x*, »
Répond l'autre avec courrou*x*,
Entre deux accès de tou*x*...

Il part. Voici dans un creu*x*
Un beau lièvre, même deu*x*...
Il tire au plus vigoureu*x*.
Avec un bruit de sile*x*
Le fusil part sous l'inde*x*.

Mais le chasseur malchanceu*x*
Vise à fau*x*, et de vos yeu*x*,
Vous voyez son coup fâcheu*x*.

D'effroi, M. Quincampoi*x*,
Met les deux jambes en croi*x*,
Et le lièvre glorieu*x*
Fuit sous ce pont généreu*x*.
Alors, notre pauvre preu*x*,
Tout chancelant, comme au flu*x*
De la mer et son reflu*x*,
Tombe sur le sol mousseu*x*...

Le chien est affreu*x* !
Le maître est honteu*x* !...

— « Rentrer sans ma queue à Da*x*,
Impossible ! » dit Aja*x*.
— « Va, dit monsieur Quincampoi*x*,
C'est le pays de la poi*x* !
Le premier pin résineu*x*
Te la collera, mon vieu*x* ! »

N'importe, ils eussent fait mieu*x*,
Je crois, de rester chez eu*x* !

Note : 1° **x = s** *dans six, dix, soixante, Bruxelles, etc.;* 2° **x = z** *dans deuxième, sixième, dixième, dix-huit, dix-neuf;* 3° **x = gz** *dans l'exactitude, l'exagération, l'examen l'exemple, l'exercice, l'exil, l'exigence, etc.*

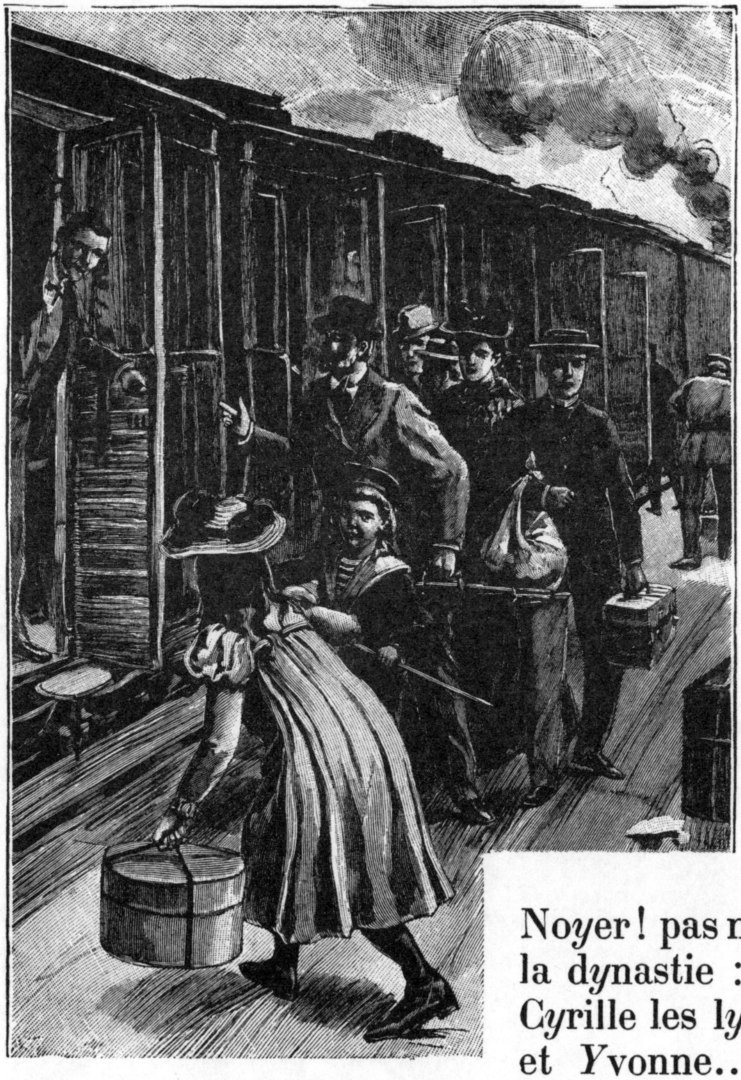

YVONNE EN VOYAGE

« Messieurs les vo*y*ageurs, en voiture ! » crie un emplo*y*é, l'air ennu*y*é, en avalant la moitié des s*y*llabes ; les c*y*lindres de la locomotive nouveau s*y*stème pouffent comme un c*y*clone et sifflent à briser le t*y*mpan ; par s*y*mpathie, la cheminée en col de c*y*gne fume à asph*y*xier : autant de s*y*mptômes de départ.

Pauvre famille No*y*er ! pas mo*y*en de caser ensemble la d*y*nastie : les parents, S*y*lvain et C*y*rille les l*y*céens, L*y*die, Ra*y*mond et *Y*vonne... et quelle k*y*rielle de paquets ! — Heureusement les bic*y*clettes sont aux bagages...

— « Suis-moi, dit à Ra*y*mond, d'un air m*y*stérieux, *Y*vonne, son jeune t*y*ran ; papa est m*y*ope et avec mes *y*eux de l*y*nx et mon prix de g*y*mnastique, je trouverai mieux. » En effet, elle crie bientôt à plein lar*y*nx : — « Huit places ! de l'air, de l'espace. C'est s*y*non*y*me !... »

On installe gens et paquets avec s*y*métrie... — « Maintenant, dit *Y*vonne, en avant la machine foudro*y*ante sous le soleil ra*y*onnant, dans le pa*y*s verdo*y*ant, et surtout pas de catacl*y*sme ! »

LOGOGRIPHE I	*MÉTAGRAMME*	*LOGOGRIPHE II*
Respecte-moi sur sept pieds : *Je fais la santé ;* *Évite-moi sur cinq pieds :* *Je suis carnassier.*	*Ouragan* *Avec tourbillon ;* *Ou géant* *Avec l'œil au front.*	*Tirer d'un chrysanthème :* *Despote ; arbuste vert ;* *Cadence ; au lapin cher ;* *Fermier ; secret suprême.*

Solutions. — *Log. : I.* ENÈIGYH, ENÈYH. — *II.* EMÈHTNASYRHC, NARYT, ETRYM, EMHTYR, MYHT, REYATÉM, ERÈTSYM. — *Métag. :* ENOLCYC, EPOLCYC.

— Azor, mettre les doigts au nez,
C'est mal, on nous le dit assez.
Or, qu'arrive-t-il? écoutez :
Dans la neige, l'autre quinzaine,
C'était le onze ou bien le treize,
Ou bien le quatorze ou le seize ?
Je fis des géants par dizaine
Dont six beaux, la demi-douzaine.
Tous alignés à l'horizon
Assis sur le banc de gazon,
Juste au-dessous du grand mélèze
Où les moineaux font gazouillis;
Qu'ils étaient fiers! blancs comme riz,
Les deux bras croisés en trapèze,
Sous leur burnous de blanche gaze,
Avec casseroles pour fez;
Et quels gros légumes pour nez!
D'abord, la carotte topaze,
Puis le poireau vert azuré,
Puis le topinambour bronzé...
Mais quelqu'un me dit : « Admirez :
« A cela vous ressemblerez,
« Si plus longtemps vous persistez
« A mettre vos doigts dans vot' nez,
« (Ou bien des noyaux, vous savez,)
« Car un jour, vous y sèmerez
« Tout un jardin... Oui, vous verrez!...
« Vous tressaillez, ô ma gazelle,
« Mais l'on dira dans la gazette :
« Voici l'enfant au nez bizarre,
« Qu'il ait nom Zadig ou Lazare,
« Il n'est rien de mieux au bazar. »
Ouf! j'en frémis comme un lézard,
Comme un chevreuil, comme un izard...
Azor, dites, vous le croyez?
Que dois-je penser, répondez?

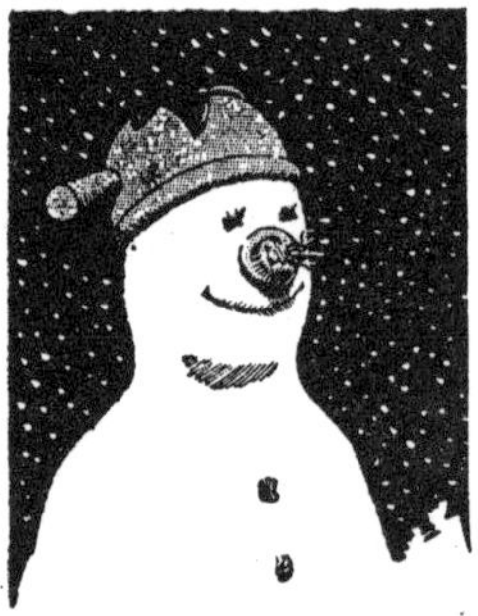
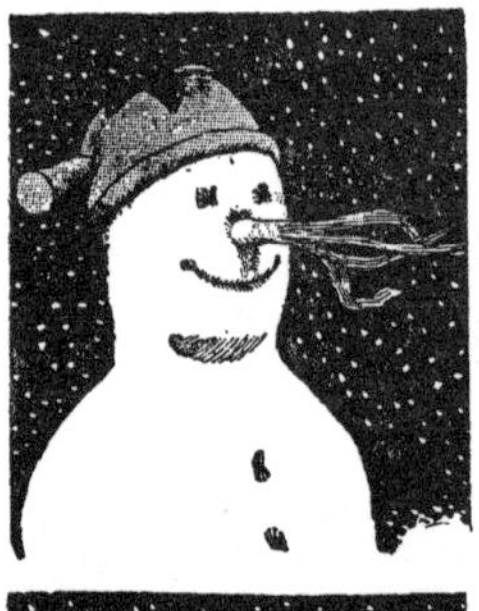
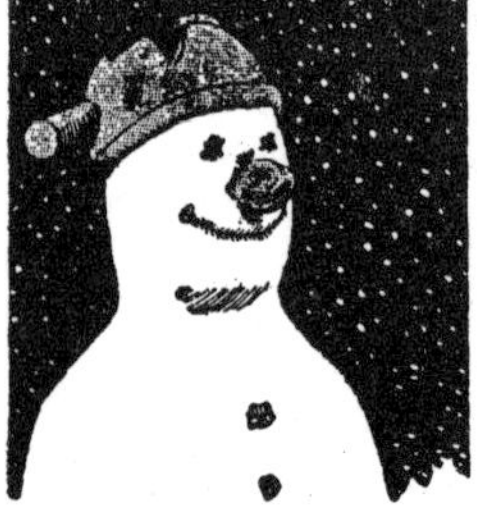

HISTOIRE DE NEZ

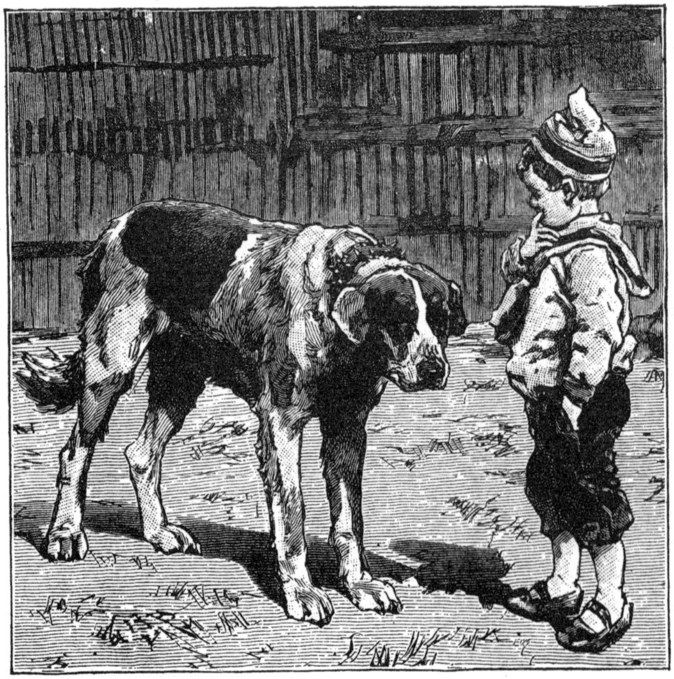

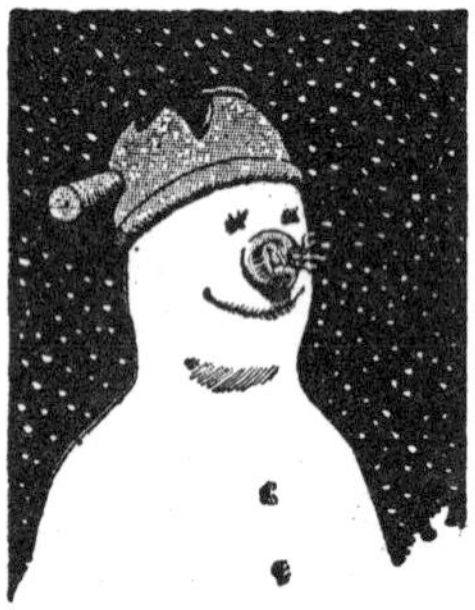
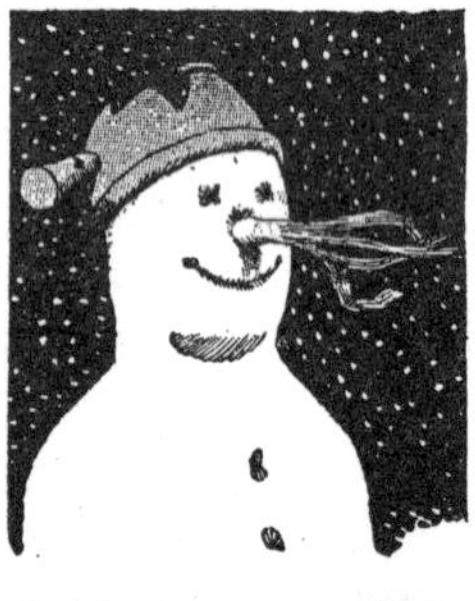
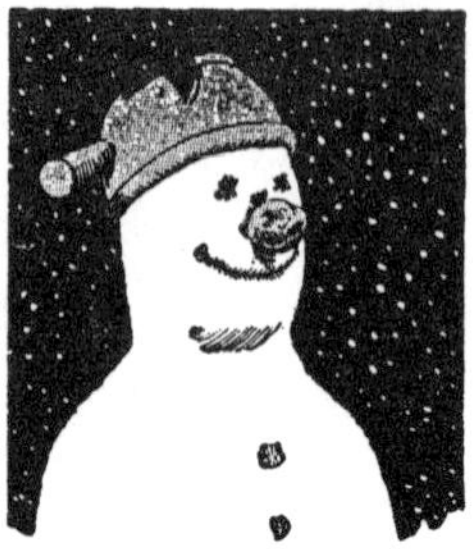

LOGOGRIPHE

Tirer d'un chant d'oiselet :
Tissu transparent, léger;
Pic au milieu du visage;
Chose utile à l'éclairage;
Animal très bondissant;
Herbe courte dans la plaine;
Un peu moins que la douzaine;
Aux tropiques, certain vent;
Empressement;
Grande part de l'atmosphère,
Largeur entre deux lisières.

Solutions. — *TNEMELLIUOZAG, EZAG, ZEN, ZAG, ELLEZAG, NOZAG, EZNO, ÉZILA, ELÉZ, ETOZA, EZIAL.*

(Certaines lettres n'ont pas leur valeur ordinaire.)

Œ = EU

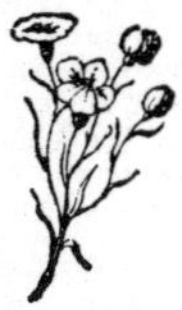

L'œillet. L'œil
L'œillade, etc.

E = A

Hennir. Le hennissement
Ennivrer
Ennoblir
Ennorgueillir
La solennité. Solennel
La rouennerie, etc.

U *sonore après* **G**

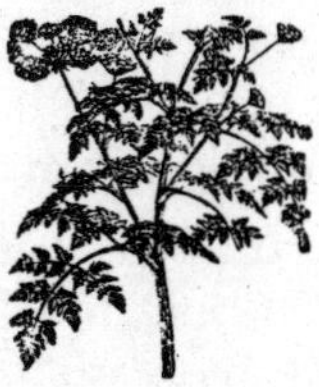

La ciguë
Contiguë. La contiguïté
Ambiguë. L'ambiguïté
L'aiguille. L'aiguillon
Aiguiser

A *muet*

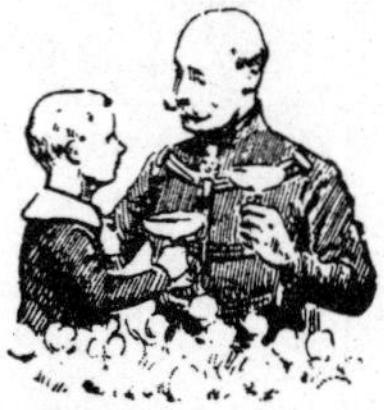

Un toast
La Saône
Le mois d'Août

C *muet*

La becquée. Becqueter
L'acquisition. Acquérir
L'acquit. Acquitter, etc.

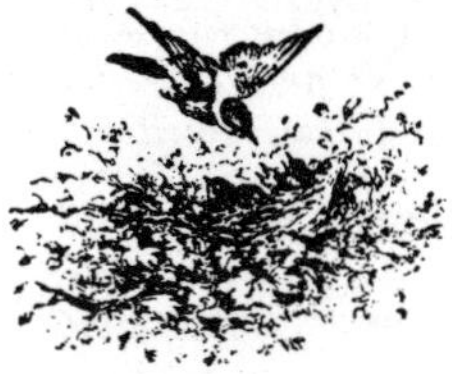

ILLI = ILI

Le million. Le milliard
Le millième
Le groseillier
Le joaillier
Le mancenillier
Le marguillier
Le quincaillier, etc.

S = Z *après consonne*

L'Alsace. L'Alsacien
La balsamine
La transaction, etc.

U *sonore après* **Q**

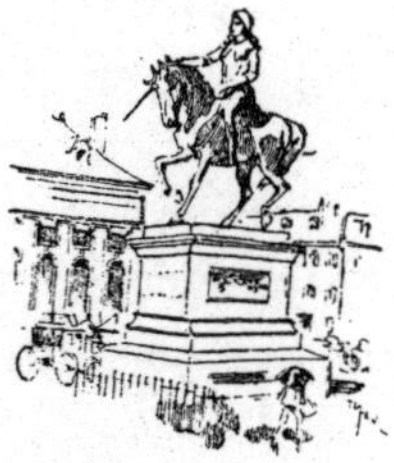

Équestre (Une statue)
L'équitation
Le questeur. La questure
Quintuple
Quinquagénaire

SC

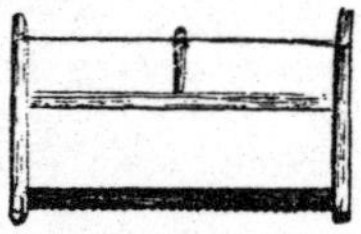

La scie. Le scieur.
La scierie. La sciure.
La sciatique
La science. La conscience
La scène
Le sceptre
Le sceau. Le scellé
Le scélérat
La piscine. La pisciculture
La convalescence
L'ascension. L'ascenseur
La descente
Le faisceau
La susceptibilité
L'adolescence
Le disciple. La discipline
Discerner
Scintiller, etc.

OE, OÊ = OI

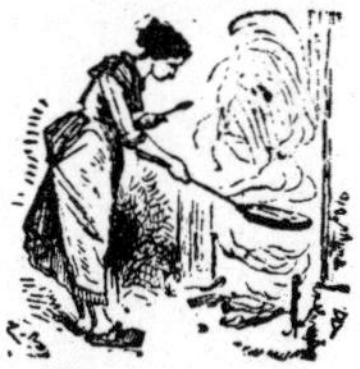

La poêle. Le poêlon
Le poêle. Le poêlier
La moelle
Le moellon
Moelleux, etc.

C = G

Second. Secondaire
Seconder, etc.

U = OU

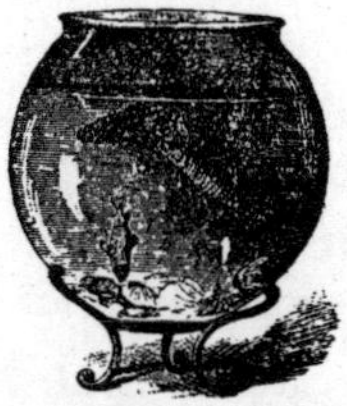

L'aquarium. Aquatique
L'aquarelle
L'équateur
Quadruple
Le quadrupède.

O *muet*

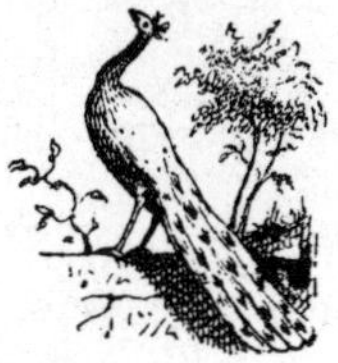

Un paon
Un faon
Un taon
La ville de Laon, etc.

M *muet*

L'automne
La condamnation
Le condamné, etc.

PS *muets*

Le temps. Le printemps
Le corps.

TS *muets*

Le puits

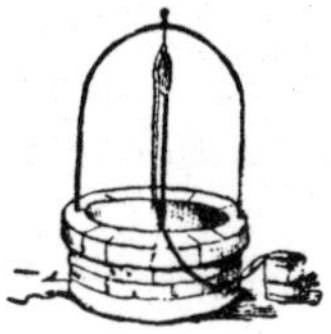

Solutions des Anagrammes de la page 37

1. Croche - Cocher.
2. Digue - Guide.
3. Epicerie - Epicière.
4. Étang - Géant.
5. Laiterie - Laitière.
6. Mercerie - Mercière.
7. Natte - Tante.
8. Neuve - Neveu.
9. Orge - Ogre.
10. Partie - Pirate.
11. Règne - Nègre.
12. Sauterne - Sénateur.

1. Alpin - Lapin.
2. Aunage - Agneau.
3. Cordon - Condor.
4. Epi - Pie.
5. Fumoir - Fourmi.
6. Girolle - Gorille.
7. Givre - Grive.
8. Loupe - Poule.
9. Niche - Chien.
10. Signe - Singe.
11. Train - Tarin.
12. Voter - Orvet.

1. Camus - Sumac.
2. Corne - Ronce.
3. Eglise - Seigle.
4. Germaine - Graminée.
5. Lampe - Palme.
6. Proie - Poire.
7. Remise - Merise.
8. Rôtie - Ortie.
9. Sobre - Sorbe.
10. Voile - Olive.
11. Voilette - Violette.
12. Voilier - Olivier.

1. Acier - Craie.
2. Ami - Mai.
3. Angle - Lange.
4. Chope - Poche.
5. Claire - Eclair.
6. Eclat - Lacet.
7. Grêle - Règle.
8. Ingrat - Gratin.
9. Ligne - Linge.
10. Lime - Miel.
11. Nacre-Crâne-Ecran-Rance-Ancre.
12. Rage - Gare.

ANAGRAMMES GÉOGRAPHIQUES

Un professeur de géographie dit à ses élèves : « Je voulais vous faire aujourd'hui une intéressante récapitulation générale, mais plusieurs noms m'échappent. Aidez-moi à les chercher : D'abord une partie du monde où l'on est toujours à l'aise (*EISA*). Puis voici cinq pays : L'un naît d'un petit grain de maïs (*MAIS*) ; d'un chien faire le 2e (*ENIHC*) ; le troisième est produit par un coup de serpe (*ESREP*) ; le 4e se tire de la proue d'un navire (*UORÉP*) ; le 5e s'échappe d'une gerce (*ECÈRG*).

Maintenant des villes : L'une fort ancienne, célèbre par son cheval, se trouve dans une ortie (*EIORT*) ; la 2e vient d'un régal délicieux (*REGLA*) ; la 3e d'une guêtre (*TERÉUG*) ; d'un enfant malin faire la 4e (*NALIM*) ; un orme suffit pour bâtir la 5e (*EMOR*) ; dans la 6e on trouve un ange (*NEGA*) ; enfin d'une plaine faire la ville des images (*LANIPÉ*).

Voyons encore quelques départements : L'un, alpestre, se tourne en risée (*ERÈSI*) dans un autre habite le brave Médor (*EMORD*) ; un bloc de grès suffit à faire le 3e (*SREG*) ; dans un pot de céruse se trouve le 4e (*ESUERC*) ; le 5e, plein de mines de charbon, tient dans un rond (*DRON*) ; le 6e est le travail d'un ver à soie (*ESIO*) ; le héron au long cou porte le 7e toujours avec soi (*ENOHR*) ; enfin, le 8e compose un dîner (*ERDNI*).

HOMONYMES

I
Il faut 3 pieds pour le **bal** *;*
4 pour aller à **Bâle** *;*
5 pour jouer à la **balle**.

II
Sur 3 pieds, le chant du **coq** *;*
4, nous brûlons du **coke** *;*
Et 5 pieds, œuf à la **coque**.

III
Sur 3 pieds, la vaste **mer** *;*
Sur 4, ma bonne **mère** *;*
Et sur 5, M. le **maire**.

IV
Sur 3 pieds on fait le **mal** *;*
Sur 4 on prend un air **mâle** *;*
Et sur 5 on fait sa **malle**.

V
2 pieds, c'est le fleuve **Pô** *;*
Puis 3 pieds, le **pot** *à eau ;*
4 pieds, la **peau** *du veau.*

VI
3, note ou terrain : le **sol** *;*
4 pieds, poisson : la **sole** *;*
Et 5 pieds, arbre : le **saule**.

VII
Le doigt sanglant a du **sang** *;*
L'homme sensé du bon **sens** *;*
Et la centaine vaut **cent**.

VIII
Le vendeur tant qu'il peut **vend** *;*
Le vanneur branle son **van** *;*
Et l'éventail fait du **vent**.

IX
Le vinaigre vient du **vin** *;*
Par vanité l'on est **vain** *;*
Et la vingtaine vaut **vingt**.

LES HOMONYMES DE LA GAMME

Chantons enfin la gamme en **chœur** *:*
La musique adoucit le **cœur** *!*
— Deux pieds, 1re note : **do** *;*
Trois contraire à devant : le **dos**.
— Deux pieds, 2e note : **ré** *;*
Quatre, ligne ou poisson : la **raie**.
— Deux pieds, 3e note : **mi** *;*
Trois, intérieur du pain : la **mie**.
— Deux pieds, 4e note : **fa** *;*
Trois, personnage vain : le **fat**.

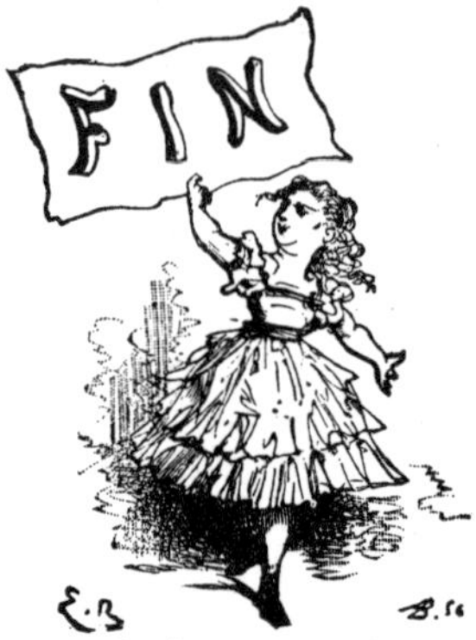

Ne pas confondre ce mot **Fin**
Qui dit finir, être à la fin...
Avec **faim** *qui fait affamé*
Et qui n'est bon qu'avant dîné !

— Trois pieds, 5e note : **sol** *;*
Quatre, encore un poisson : la **sole** *;*
— Deux pieds, 6e note : **la** *;*
Trois, après fatigue on est **las**.
— Deux pieds, 7e note : **si** *;*
Quatre, instrument à dents : la **scie**....
Chantons ainsi la gamme en **chœur** *:*
La musique adoucit le **cœur** *;*
Et si l'on applaudit ce **chant**
*Nous le reprendrons sur-le-***champ** *!*

Table des Jeux

ISBN 978-2-84990-228-8.
Corlet Imprimeur. – Dépôt légal : octobre 2012.